CAHIER DE PRÉPARATION
SÉQUENCES

CAHIER DE PRÉPARATION
SÉQUENCES

Intermediate French through Film

Michèle Bissière
University of North Carolina at Charlotte

Kelle Truby
University of California-Riverside

THOMSON

HEINLE

Australia • Brazil • Canada • Mexico • Singapore • Spain • United Kingdom • United States

Cahier de préparation
Séquences: Intermediate French through Film
Michèle Bissière

Editor-in-Chief: *PJ Boardman*
Executive Editor: *Lara Semones*
Development Editor: *Lynne I. Lipkind*
Assistant Editor: *Morgen Murphy*
Editorial Assistant: *Catharine Thomson*
Technology Project Manager: *Wendy Constantine*
Senior Marketing Manager: *Lindsey Richardson*
Marketing Communications Manager: *Stacey Purviance*

Senior Content Project Manager: *Karen Stocz*
Senior Art Director: *Cate Rickard Barr*
Senior Print Buyer: *Elizabeth Donaghey*
Cover Designer: *Diane Levy*
Production Service: *Pre-Press PMG*
Printer: *Transcontinental - Louisville*
Cover Image: © *Liam Bailey/Iconica/
    Getty Images*

Printed in Canada
1 2 3 4 5 6 7 11 10 09 08 07

10-Digit ISBN: 1-4130-2008-9
13-Digit ISBN: 978-1-4130-2008-3

Thomson Higher Education
25 Thomson Place
Boston, MA 02210-1202
USA

For more information about our products, contact us at:
Thomson Learning Academic Resource Center
1-800-423-0563

For permission to use material from this text or product, submit a request online at
http://www.thomsonrights.com
Any additional questions about permissions can be submitted by e-mail to **thomsonrights@thomson.com**

TABLE DES MATIÈRES

Chapitre 1

LA VIE ÉTUDIANTE: *L'Auberge espagnole (2002)*

Heinle iRadio
www.thomsonedu.com/french:
- prepositions
- adjectives
- interrogatives

LES MOTS POUR LE DIRE

A. Votre dictionnaire personnel

Trouvez le vocabulaire de votre liste qui correspond aux catégories suivantes.

1. le logement et la vie en communauté

_____

_____

_____

_____

2. le monde du travail

_____

_____

_____

_____

3. les relations humaines

_____

_____

_____

_____

4. voyager et vivre à l'étranger

_____

_____

_____

_____

B. Synonymes et antonymes

L'antonyme le plus proche

Trouvez le contraire. Référez-vous à la liste de vocabulaire dans votre manuel.

___**1.** se quitter	**a.** propre		
___**2.** parler couramment	**b.** calme		
___**3.** asocial	**c.** vieux jeu		
___**4.** angoissé	**d.** mûr		
___**5.** à l'aise	**e.** se retrouver		
___**6.** sale	**f.** baragouiner (fam.)		
___**7.** immature	**g.** sociable		
___**8.** moderne	**h.** coincé (fam.)		

C. Associations

L'intrus

Éliminez le mot qui ne va pas avec les autres. Soyez prêt(e) à justifier votre réponse.

Exemple: aimer adorer apprécier ~~détester~~

1. maniaque	insupportable	agaçant	gentil
2. susceptible	angoissé	coléreux	à l'aise
3. un poste	un entretien	un loyer	un rendez-vous
4. héberger	cohabiter	blesser	louer
5. supporter	s'adapter	s'habituer	avoir du mal
6. vexer	plaire	se fâcher	rompre

Groupez les mots

LA VIE D'ÉTUDIANT

For **Groupez les mots**, refer to the special section of the vocabulary list entitled **Les études.**

Associez les verbes de la première colonne à un nom de la deuxième colonne.

___ **1.** remplir	**a.** un appartement	
___ **2.** assister à	**b.** l'université	
___ **3.** passer	**c.** les frais universitaires	
___ **4.** payer	**d.** un formulaire	
___ **5.** recevoir	**e.** une bourse	
___ **6.** obtenir	**f.** une nouvelle vie	
___ **7.** louer	**g.** un échange universitaire	
___ **8.** s'inscrire à	**h.** un examen	
___ **9.** participer à	**i.** un cours	
___**10.** s'habituer à	**j.** un diplôme	

Cours et spécialisation

Lisez la liste des cours auxquels les étudiants indiqués se sont inscrits et choisissez la spécialisation la plus logique.

Administration publique	Arts	Chimie	Études féministes
Études littéraires	Géographie	Histoire	Informatique
Langues vivantes	Médecine	Philosophie	Psychologie
Sciences des religions	Science politique	Sociologie	Technologie

Exemple: **Raoul**

Aspects toxico-pharmacologiques

Le système cardio-pulmonaire

Le système immunitaire

Il se spécialise en *médecine*.

1. **Sylvie**

Comportement organisationnel

Analyse des politiques publiques

Droit administratif

Finances internationales

Elle se spécialise en _____.

2. **Jie**

Hydraulique urbaine

Enveloppe du bâtiment

Éléments de gestion de projets de construction

Systèmes mécaniques du bâtiment

Elle se spécialise en _____.

3. **Joseph**

L'architecture du XXe siècle

La problématique de la danse en milieux diversifiés

L'art depuis 1968

Courants de la mode

Il se spécialise en _____.

4. **Gisèle**

La pensée féministe

Les rapports sociaux de sexe et genre en Europe

Femmes et politique

Vie privée et intervention sociale

Elle se spécialise en _____.

5. **Carlos**

Bases psychologiques du comportement

La psychopathologie

Théories de l'apprentissage

L'émotion et la motivation

Il se spécialise en _____.

6. **Luca**

Durkheim et le lien social

Traditions sociologiques

Méthodologie qualitative

Immigration, minorités ethniques et relations sociales

Il se spécialise en _____.

7. **Najib**

Mythe, rite et symbole

Histoire du christianisme

Le pèlerinage

Religions et groupes ethniques

Il se spécialise en _____.

8. **Julie**

La toxicologie biochimique

Analyse par spectroscopie

Analyse de l'air

Biochimique clinique

Elle se spécialise en _____.

9. **Gaël**

Programmation

Construction et maintenance de logiciels

Téléinformatique

Organisation des ordinateurs et assembleurs

Il se spécialise en _____.

10. **Sabine**

L'allemand oral

Répertoire vocal en langues latines

Études en langues et en cultures hispanophones

Apprentissage de la grammaire française

Elle se spécialise en _____.

D. Dictée

Écoutez le passage pour remplir les blancs.

Mon arrivée à Barcelone n'a pas été facile. Ma copine _____

_____ (1) et j'avais le mal du pays. En plus _____

_____ (2) à trouver un appartement. Des Français que j'ai rencontrés à l'aéroport

ont accepté de _____ (3) un moment mais c'était

vraiment la galère. Je ne _____ (4) pas du tout _____

_____ (5) avec ce couple coincé et vieux jeu. Il fallait que je

trouve un logement correct. Finalement _____ (6) dans

une colocation superbe. _____ (7) étaient tous de pays

différents. _____ (8) à eux immédiatement, et le loyer

était acceptable. Personne ne s'intéressait trop _____

(9), alors c'était _____ (10) complet. Je me suis adapté

tout de suite.

AVANT LE PROCHAIN COURS

1. *L'Auberge espagnole:* Visionnez le film.

2. ***Manuel:*** Étudiez *Pays, états américains, langues, nationalité* et faites l'exercice de la section **Application immédiate 1**.

PRÉPARATION À LA DISCUSSION

A. Prononcez bien

L'intonation

You've read in your grammar reference that **intonation** is involved in asking questions in spoken French. In this section you will develop a more complete understanding of French intonation in both declarative sentences and questions and you will be given the opportunity to practice these intonation patterns orally.

Some notes on intonation: Depending on the speed of delivery, spoken French is divided into segments called rhythmic groups. These rhythmic divisions are always divided into grammatically coherent segments (noun phrase, verb phrase, prepositional phrase, relative clause, etc.) and generally measure more or less seven syllables, depending upon the speed of delivery. Consider the example.

> Sylvie et sa sœur Marie/ ne sont pas venues à la fête/ avec leurs amis Paul et Pierre.

Avant de faire ces activités, étudiez *Les questions en oui ou non* et *Les questions pour demander des informations spécifiques (Les adverbes interrogatifs, L'adjectif interrogatif quel, Le pronom interrogatif lequel)* et faites les exercices des sections **Application immédiate 1 et 2**.

You can see that the sentence is divided into grammatically coherent segments (noun phrase, verb phrase, and prepositional phrase), and each of these divisions is close to seven syllables in length.

French speakers place a slight rising intonation at the end of each internal rhythmic group and a descending intonation at the end of the sentence.

> Sylvie et sa sœur Marie↗/ ne sont pas venues à la fête↗/ avec leurs amis Paul et Pierre.↘

The exception to this intonation pattern is found in closed (yes/no) questions. These questions also have a rising intonation at the end of the sentence.

> Sylvie et sa sœur Marie↗/ ne sont pas venues à la fête↗/ avec leurs amis Paul et Pierre?↗

In open questions, there is no rising intonation at the end of the sentence. Instead, a slight emphasis is placed on the question word.

> **Pourquoi** est-ce que Sylvie et sa sœur Marie/ ne sont pas venues à la fête/ avec leurs amis Paul et Pierre?

When the open question is informal, i.e., when the interrogative word is at the end of the question, there is also a slight emphasis at the end.

> Sylvie et sa sœur Marie/sont allées **où?**

Track 3

Écoutez et répétez

Practice these intonation patterns by repeating the sentences you hear. Pay close attention to the pronunciation of **qu,** which is pronounced /k/ in French and not /kw/, as in English. As you repeat, place a bar to indicate the separation of rhythmic groups, if any, and rising and descending arrows to indicate the intonation patterns you hear.

Exemple: Sylvie et sa sœur Marie↗/ ne sont pas venues à la fête↗/ avec leurs amis Paul et Pierre.↘

1. Quand Xavier est arrivé à Barcelone, sa copine lui a beaucoup manqué et il avait le mal du pays.

2. En plus il a eu du mal à trouver un appartement.

3. Des Français qu'il a rencontrés à l'aéroport ont accepté de l'héberger un moment.

4. Il ne se sentait pas du tout à l'aise avec ce couple coincé et vieux jeu.

5. Finalement il a emménagé dans une colocation superbe avec des étudiants qui venaient de pays différents.

6. Est-ce que vous partagez votre logement avec d'autres personnes en ce moment?

7. Avez-vous déjà eu l'occasion de quitter votre pays pour aller vivre à l'étranger?

Écoutez et encerclez

Now you will hear sets of open questions that have the same meaning but differ in level of formality. Circle the number of the question that has a rising intonation at the end.

Track 4

1. Question a   Question b
2. Question a   Question b
3. Question a   Question b
4. Question a   Question b
5. Question a   Question b
6. Question a   Question b
7. Question a   Question b
8. Question a   Question b
9. Question a   Question b
10. Question a   Question b

B. La grammaire et le film

Le film en questions

Dans cet exercice, vous allez vous remémorer le film en formulant les questions qui correspondent aux réponses proposées.

LES ADVERBES INTERROGATIFS

Complétez les questions suivantes avec un adverbe interrogatif: **pourquoi, comment, quand, où + est-ce que.**

> *Exemple:* **Pourquoi est-ce que** Xavier quitte Paris?
>
>   Parce qu'il doit apprendre l'espagnol.

1. _____ Jean-Michel et Anne-Sophie ont hébergé Xavier?

   À son arrivée à Barcelone.

2. _____ Xavier a trouvé son appartement à Barcelone?

   Il a répondu à une annonce.

3. _____ Xavier a rencontré Isabelle?

   À la fac.

4. _____ Alessandro a trouvé ses lunettes?

   Dans le frigo.

5. _____ Wendy se fâche avec son frère?

   Parce qu'il embête Tobias avec ses commentaires sur les Allemands.

Complétez les questions suivantes avec une forme de l'adjectif interrogatif **quel.**

Exemple: Quel est le plus gros problème de Xavier quand il arrive en Espagne?

Il n'arrive pas à trouver un logement convenable.

1. _____ obstacles est-ce que Xavier a rencontrés pour

s'inscrire au programme Erasmus?

Il a dû remplir beaucoup de formulaires.

2. _____ langues est-ce que Xavier parle couramment?

Le français, l'anglais et l'espagnol.

3. _____ est le problème avec le frigidaire?

Il n'y a pas assez de place dedans pour six personnes.

4. _____ mot français est-ce que Wendy trouve choquant?

Le mot "fac".

5. _____ est la nationalité de Lars?

Il est danois.

C. Imaginez des situations

Questions stéréotypées

En suivant le modèle, posez des questions stéréotypées aux personnes indiquées. Si nécessaire, inspirez-vous du vocabulaire donné.

aimer tout organiser	boire beaucoup de bière	conduire vite
danser le flamenco	être très passionné(e)	faire la sieste
manger des escargots	manger des frites	manger des hamburgers
parler avec les mains	se battre dans les stades	se déplacer en vélo

Exemple: Bruce est américain.

Mangez-vous toujours des hamburgers?

Avez-vous un revolver?

Travaillez-vous tout le temps?

1. Alessandro est italien.

_____

_____

2. William est anglais.

_____

_____

3. Soledad est espagnole.

_____

_____

4. Martine est française.

_____

_____

5. Tobias est allemand.

_____

_____

6. Lars est danois.

_____

_____

7. Isabelle est belge.

_____

_____

Faites connaissance

Imaginez une conversation entre vous et votre nouveau/nouvelle colocataire. Répondez à ses questions, puis montrez votre intérêt pour lui/elle en lui posant les mêmes questions (en faisant attention d'adapter **lequel** selon la phrase).

Exemple: Quelles langues parles-tu?

Votre réponse: *Français, anglais et un peu espagnol.*

Votre question: *Et toi, lesquelles parles-tu?*

1. Quel cours préfères-tu ce semestre?

Votre réponse: _____

Votre question: _____

2. À quel supermarché vas-tu pour faire tes courses?

Votre réponse: _____

Votre question: _____

3. De quel lycée viens-tu?

Votre réponse: _____

Votre question: _____

4. Dans quelle pièce préfères-tu étudier?

Votre réponse: _____

Votre question: _____

5. Quelles émissions de télé aimes-tu?

Votre réponse: _____

Votre question: _____

6. À quels types de films t'intéresses-tu?

Votre réponse: _____

Votre question: _____

D. L'intrigue

Indiquez le personnage et le moment du film (au début, au milieu, à la fin) qui correspondent aux répliques suivantes.

Répliques	Qui parle?	Quand? Au début? Au milieu? À la fin?
1. "Ouais bon alors pour un dossier d'Erasmus, pour un DEA, ce n'est pas compliqué. Il vous faut…"		
2. "J'ai choisi un avenir sans débouchés. Je vais faire tout ce que j'ai toujours voulu faire. … Je vais écrire."		
3. "Moi, je sais ce que c'est—ça a été pareil quand j'ai débarqué ici pour la première fois. Entre Gaulois il faut s'aider, pas vrai?"		
4. "T'as absolument rien; t'es juste un peu surmené… Par contre, je veux que tu arrêtes de voir Anne-Sophie."		
5. "Ça m'a fait drôle d'acheter de la viande. J'ai l'impression que j'en ai pas acheté depuis des années… Alors, t'es content d'être revenu?"		
6. "J'avais cette impression pénible qu'on passait plus de temps à se dire au revoir qu'à se voir."		
7. "—Vous me trouvez vieux jeu? —Un peu, oui, c'est sûr… Vous faites pas trop Juanita banana. —C'est quoi ca? —Disons qu'vous êtes pas trop rock and roll comme fille."		
8. "J'ai tout de suite adoré cet endroit. J'aurais donné n'importe quoi pour qu'ils m'acceptent ici. Le bordel qui existait là ressemblait totalement à celui qui m'habitait depuis toujours."		

POUR ALLER PLUS LOIN

Avant de faire ces activités, étudiez *Les pronoms interrogatifs*, **Depuis quand/depuis combien de temps/pendant combien de temps?** et *Le français de la conversation* et faites les exercices des sections **Application immédiate 3 à 5.**

Parlons de Grammaire

It's difficult to study French grammar without knowing something about the principles of grammar in general. Before you begin your study, go to the book companion site **http://www.thomsonedu. com/french/sequences** and follow the links to answer the following questions.

1. What is grammar?
2. What does it mean to say something is the subject of a sentence?
3. What is the difference between a subject and an object?
4. What is the object of a preposition?
5. What is the difference between an adverb and an adjective?

Understanding these terms is essential to the study of French in general and interrogatives in particular. You've learned from your grammar review that interrogatives can be adjectives, adverbs, or pronouns.

Considering the many possible translations for the English word *what* should make the necessity for a complete understanding of grammatical terms especially clear.

Examine these examples carefully:

1. *What* is the cat eating?
2. *What* is bothering the cat?
3. *What* classes are you taking?
4. *What* are you writing with?

The word *what* is performing a different grammatical function in each of these sentences and is therefore translated by a different French form in each case.

1. *What is the cat eating?*

   In this sentence the subject of the sentence is *cat* (*cat* is the *doer* of the verb). *What* refers to the missing direct object. The cat is eating *something*: What is the cat eating?

   The French translation would be **Qu'est-ce que le chat mange?**

   When *what* replaces a direct object it is translated by **que (qu')** or **qu'est-ce que.**

2. *What* is bothering the cat?

   In this sentence *cat* is the direct object. *What* refers to the missing subject. *Something* is bothering the cat: What is bothering the cat?

   The French translation would be **Qu'est-ce qui embête le chat?**

   When *what* replaces the (inanimate) subject of a sentence, it is translated by **qu'est-ce qui.**

3. *What (Which)* classes are you taking?

In this sentence *what (which)* is acting as an adjective that modifies *classes*.

The French translation would be **Quels cours suivez-vous?**

When *what (which)* modifies a noun, it is translated by a form of the adjective **quel.**

4. *What* are you writing with?

In this sentence, *what* is the object of a preposition, and it is translated by that preposition followed by **quoi.**

Remember that like *what*, **que, qu'est-ce qui,** and **quoi** all refer to things (inanimate objects). The rules for referring to people are slightly easier, but be sure to review them in your grammar reference before you continue.

A. La grammaire et le film

Quelle est la traduction?

Voici des questions indiscrètes que Tobias avait envie de poser à Xavier pendant son entretien avec les colocataires. Choisissez la bonne traduction pour ces questions.

_____**1.** Whom do you admire?
   a. Qui admirez-vous?
   b. Qui vous admire?

_____**2.** What do you eat for breakfast?
   a. Qu'est-ce qui vous mange au petit déjeuner?
   b. Qu'est-ce que vous mangez au petit déjeuner?

_____**3.** What hurts your feelings?
   a. Qui vous blesse?
   b. Qu'est-ce qui vous blesse?

_____**4.** What books are you reading?
   a. Quels livres lisez-vous en ce moment?
   b. Est-ce que vous lisez des livres en ce moment?

_____**5.** Which one do you prefer?
   a. Qu'est-ce que vous préférez?
   b. Lequel préférez-vous?

Le film en questions

Complétez les questions suivantes avec un pronom interrogatif: **qui, qui est-ce que, qu'est-ce qui, qu'est-ce que,** une préposition + **qui est-ce que,** ou une préposition + **quoi est-ce que.** N'oubliez pas que **que** devient **qu'** devant une voyelle.

1. _____ Jean-Michel est spécialisé?

   En neurologie.

2. _____ Anne-Sophie prépare à Xavier pour sa première nuit à Barcelone?

   Des pâtes à l'huile d'olive.

3. _____ demande à Xavier de sortir avec Anne-Sophie?

Jean-Michel.

4. _____ Xavier a pensé d'Anne-Sophie quand il l'a rencontrée?

Il l'a trouvée niaise et vieux jeu.

5. _____ s'est passé quand Anne-Sophie est montée en haut de l'église?

Elle s'est évanouie *(She fainted)*.

6. _____ le propriétaire a parlé pour trouver un compromis?

À Xavier.

7. _____ tombe souvent en panne dans l'appartement?

L'électricité.

8. _____ Isabelle a eu le coup de foudre?

Pour une danseuse de flamenco.

9. _____ Tobias se fâche?

Contre William.

10. _____ Xavier s'inscrit?

À des cours de sciences économiques.

B. Imaginez des situations

Une dernière conversation

Avant le départ de Xavier de Barcelone, Anne-Sophie a voulu le revoir pour mieux comprendre la relation qu'ils ont eue et pour qu'ils se quittent en bons termes. Xavier a accepté de répondre à ses questions honnêtement. En vous basant sur ses réponses, écrivez les questions qu'Anne-Sophie lui a posées.

> *Exemple:* La question d'Anne-Sophie: *Pourquoi est-ce que tu m'as invitée à visiter*
>
> *Barcelone avec toi?*
>
> La réponse de Xavier: C'est Jean-Michel qui me l'a demandé.

1. La question d'Anne-Sophie: _____

La réponse de Xavier: Oui, je me sentais un peu obligé de sortir avec toi parce que vous m'hébergiez.

2. La question d'Anne-Sophie: _____

La réponse de Xavier: Je te trouvais un peu vieux jeu, mais sympa.

3. La question d'Anne-Sophie: _____

La réponse de Xavier: Je t'ai embrassée parce que je voulais pratiquer les leçons de séduction que quelqu'un m'avait données. Excuse-moi.

4. La question d'Anne-Sophie: _____

La réponse de Xavier: Une amie à moi. Elle trouvait que je connaissais mal les femmes.

5. La question d'Anne-Sophie: _____

La réponse de Xavier: Isabelle.

6. La question d'Anne-Sophie: _____

La réponse de Xavier: Il m'a demandé de ne plus te voir quand je suis allé le voir pour passer des examens médicaux.

7. La question d'Anne-Sophie: _____

La réponse de Xavier: Je me souviens de notre sortie dans le téléphérique quand on s'est embrassés la première fois.

8. La question d'Anne-Sophie: _____

La réponse de Xavier: Je crois que tout va me manquer, surtout mes amis.

9. La question d'Anne-Sophie: _____

La réponse de Xavier: Bien sûr! Je pense que je vais revenir souvent.

Les questions de Martine

Comme Anne-Sophie, Martine se pose des questions sur ses rapports avec Xavier. Imaginez cinq questions qu'elle aimerait lui poser.

1. _____

2. _____

3. _____

4. _____

5. _____

Préparatifs pour un séjour à l'étranger

Vous désirez faire un séjour linguistique d'été dans un pays francophone. Vous avez trouvé des informations sur un institut de langues à Trois Rivières, au Québec, mais vous avez besoin de précisions. Traduisez les questions que vous voulez poser.

Exemple: **How long are the classes?**

Combien de temps durent les cours?

1. How long has this program been in existence? (Use **exister**)

_____

2. How many students register?

_____

3. What countries do the students come from?

_____

4. Who are the instructors? What diplomas do they have?

_____

5. Whom can I talk to if I have questions on classes?

_____

6. Are students housed at the institute? Can I rent an apartment in town?

_____

7. What do students do on weekends?

_____

8. Do you give scholarships?

_____

PRÉPARATION À LA LECTURE

A. Les renseignements culturels. Philippe Labro et l'Amérique

Le texte que vous allez lire est extrait du roman *L'Étudiant étranger* (1986), de Philippe Labro. D'inspiration autobiographique, le roman décrit l'expérience d'un étudiant français dans une université américaine dans les années 1950. Cette expérience a marqué Philippe Labro et engendré chez lui une grande fascination pour l'Amérique. Avant de lire le texte, faites des recherches pour mieux comprendre le contexte de l'histoire et son influence sur l'œuvre littéraire de Philippe Labro.

Visitez **http://www.thomsonedu.com/french/sequences** pour trouver des liens qui vous aideront à répondre aux questions.

1. L'auteur, Philippe Labro
   a. Quand est-il né?

_____

_____

   b. Quelles professions a-t-il exercées?

_____

_____

   c. Regardez la liste des livres qu'il a écrits. Lesquels révèlent sa fascination pour l'Amérique? Cherchez la réponse à cette question dans les titres ou les illustrations des couvertures des livres.

_____

_____

You may encounter the incorrect title *Un Américain bien tranquille* while doing your web research.

2. Quelques livres de Philippe Labro

    a. *Un Américain peu tranquille:* De quel Américain célèbre parle-t-il dans ce livre?

_____

_____

    b. *Un Été dans l'Ouest:* Dans quel état est-ce que Labro a passé trois mois et qu'est-ce qu'il a fait là-bas?

_____

_____

    c. *L'Étudiant étranger:* Quelle expérience autobiographique raconte le livre? Notez au moins deux aspects de cette expérience qui sont développés dans le roman.

_____

_____

B. Le vocabulaire de la lecture

Le mot coup

Un coup literally means *hit* or *blow*, but it is used in many different idiomatic expressions in French. Review the following and see if you can work out the remaining expressions for yourself.

un coup de pied	(= *a blow of the foot*)	*a kick*
un coup de feu	(= *a hit of fire*)	*a shot (from a firearm)*
un coup de fil	(= *a hit of wire*)	*a phone call (informal)*
un coup de vent		
un coup de couteau		
tout à coup		
un coup d'œil		
un coup à la poitrine		

Les mots apparentés

Grâce au vocabulaire que vous connaissez déjà, devinez le sens des mots de la troisième colonne.

	Mot connu	Traduction anglaise	Mot apparenté	Traduction anglaise
1.	couple	*couple*	accouplé(e)	
2.	lumière	*light*	lumineux (-euse)	
3.	vivre	*to live*	survivre	
4.	appeler	*to call*	un appel	
5.	enfant	*child*	l'enfance	
6.	école	*school*	un écolier/une écolière	
7.	laid	*ugly*	un laideron	
8.	supporter	*to bear*	insupportable	
9.	apprendre	*to learn*	un apprentissage	
10.	porter	*to wear*	le port	
11.	connaître	*to know*	inconnu(e)	
12.	différence	*difference*	différencier	

En d'autres mots

Liez les citations de l'article que vous allez lire (1–5) aux explications suggérées dessous (a–e).

___ 1. "Je suis furieux contre le sort qui m'a désigné un Autrichien pour partager ma vie pendant toute l'année universitaire."

___ 2. "Nous ne faisions pas partie du plan de modelage du citoyen américain."

___ 3. "Ça m'exalte d'être là, dans cette vallée perdue de Virginie, sur ce campus si beau et si impeccable, que j'en ai eu un coup à la poitrine lorsque je l'ai découvert: ça m'exalte, parce que là-bas, loin, très loin, en France, mes frères ne le vivront jamais et les amis que j'ai laissés derrière moi, au lycée, au lendemain du bac philo, eux aussi ont raté cette formidable aventure."

___ 4. "Cependant je me dis confusément ceci: Fenimore Cooper, Jack London, les films de Gary Cooper et de Rita Hayworth, la prairie, l'inconnu, l'appel américain, tu t'es nourri de tout cela dans ton enfance, mais t'y voilà, c'est là, et même si ça n'est pas ça, c'est ça! C'est l'ailleurs auquel tu as tant aspiré et sur quoi tu écrivais des pages et des pages redondantes sur tes cahiers secrets d'écolier."

___ 5. "On peut tomber sur des laiderons imbéciles et insupportables, on peut décrocher une fille exquise."

a. Les étudiants étrangers étaient exclus des activités de l'université.

b. Le narrateur comprend assez vite le système des *blind dates*.

c. Le narrateur aurait préféré partager sa chambre avec un Américain.

d. Le narrateur est heureux de vivre une expérience peu commune pour un Français.

e. Avant d'arriver en Virginie, le narrateur connaissait les États-Unis à travers les films et la littérature.

C. Imaginez des situations

Le texte que vous allez lire décrit l'expérience d'un étudiant français aux États-Unis. Les aspects de la vie américaine qu'il trouve bizarres ou choquants nous aident à imaginer les différences entre les deux cultures. Pour chaque aspect qui le surprend, écrivez deux questions que vous pourriez lui poser sur sa propre culture.

> *Exemple:* Il est surpris d'avoir un camarade de chambre et de ne pas avoir choisi cette personne.
>
> > a. *N'avez-vous pas de camarade de chambre dans les universités françaises?*
> >
> > b. *Comment est-ce que les étudiants français s'adaptent à la vie universitaire s'ils habitent seuls?*

1. Il est surpris d'avoir tant de *(so many)* difficultés de compréhension en anglais.

   a. _____

   b. _____

2. Le système des *dates* lui semble bizarre.

   a. _____

   b. _____

3. Il s'étonne qu'il n'y ait pas de vie possible sans voiture aux États-Unis.

   a. _____

   b. _____

4. Il trouve bizarre d'être obligé de dire bonjour aux inconnus.

   a. _____

   b. _____

5. Il ne comprend pas l'utilité des comités, associations et fraternités sur le campus.

   a. _____

   b. _____

D. La lecture

Parcourez *(Skim)* les extraits du roman *L'Étudiant étranger* dans votre manuel.

Préparation à l'écriture

Système-D 4.0

Vous allez écrire un portrait physique et moral d'un des personnages du film. Pour le faire, choisissez un personnage et pensez aux détails de sa personnalité aussi bien qu'à ses actions, ses relations avec les autres et ses sentiments. Qu'est-ce qui rend ce personnage intéressant?

A. Choisissez un sujet

Quel personnage du film allez vous décrire?

Au choix:

Anne-Sophie	Jean-Michel	Wendy
Isabelle	Martine	Xavier

B. Réfléchissez au contenu

Pour vous aider à préciser vos idées, répondez aux questions suivantes sur le personnage que vous avez choisi.

1. Quels sont ses traits physiques? (De quelle taille est-il/elle? De quelle couleur sont ses yeux et ses cheveux?)

_____

_____

2. Quel type de vêtements porte-t-il/elle?

_____

_____

3. Quelle est sa personnalité? Comment parle-t-il/elle? Est-il/elle plutôt réservé(e) ou expansif(-ive)? Calme ou coléreux(-euse)?

_____

_____

4. Décrivez ses relations avec les autres. Est-il/elle à l'aise? Avec qui est-ce qu'il/elle s'entend bien/mal? Pourquoi, à votre avis?

_____

_____

5. Qu'est-ce qui l'étonne, le/la surprend? Qu'est-ce qui l'irrite? Qu'est-ce qui le/la rend heureux(-euse)?

_____

_____

6. Quelle est sa meilleure qualité? Son plus grand défaut?

_____

_____

7. Dans quelle scène du film voyons-nous le mieux son caractère?

_____

_____

8. Imaginez ce qu'il/elle va faire plus tard (dans l'avenir).

_____

_____

C. Réfléchissez à la langue

Pour écrire un portrait vif et agréable à lire, il faut éviter un vocabulaire trop vague. Le mot **chose** et le verbe **être,** par exemple, ne communiquent pas beaucoup de détails et risquent de rendre votre travail peu intéressant. Retournez au vocabulaire du chapitre et notez les mots et expressions qui peuvent vous aider à bien décrire le personnage que vous avez choisi. Si vous avez besoin de vocabulaire supplémentaire, cherchez-en dans un bon dictionnaire avant de vous mettre à écrire.

D. Organisez votre rédaction

Vous pouvez maintenant travailler à l'organisation de votre travail. Voici deux structures possibles pour votre portrait. Choisissez-en une et notez des idées pour chaque paragraphe.

Structure 1

Paragraphe 1: Commencez par une anecdote, une scène ou une action.

Paragraphe 2: Faites la description physique du personnage.

Paragraphe 3: Décrivez les rapports entre le personnage et les autres.

Paragraphe 4: Expliquez le rapport entre son caractère, ses désirs et ses projets d'avenir.

Structure 2

Paragraphe 1: Présentez les traits physiques du personnage.

Paragraphe 2: Examinez son caractère.

Paragraphe 3: Montrez l'effet de son caractère sur ses rapports avec les autres.

Paragraphe 4: Décrivez une scène qui révèle les traits que vous présentez.

Votre choix:

Paragraphe 1

_____

_____

_____

Paragraphe 2

_____

_____

_____

Paragraphe 3

_____

_____

Paragraphe 4

_____

_____

_____

E. Perfectionnez votre travail

1. Demandez à un(e) camarade de classe de lire votre rédaction et de vous faire des commentaires sur les idées, l'organisation et la langue.

2. Lisez votre travail à voix haute. Vous vous rendrez compte *(You will notice)* plus facilement des problèmes d'organisation, des incohérences, des répétitions et des fautes d'inattention.

3. Faites attention aux points suivants:
   a. Les noms et les adjectifs
      - Le genre (masculin ou féminin) est-il correct?
      - Le nombre (singulier ou pluriel) est-il correct?
      - Le déterminant (article défini, indéfini, partitif, etc.) est-il approprié?
      - La position des adjectifs (avant ou après le nom) est-elle correcte?

   b. Les verbes
      - Sont-ils au bon mode (indicatif, subjonctif, infinitif, impératif, conditionnel)?
      - Sont-ils au bon temps (présent, imparfait, passé composé, etc.)?
      - Leur structure est-elle correcte? (par exemple, faut-il une préposition?)
      - La conjugaison est-elle correcte?
      - S'accordent-ils avec leur sujet?
      - Au passé, l'accord du participe passé est-il correct?

   c. L'orthographe *(Spelling)*
      - Vérifiez l'orthographe et n'oubliez pas les accents.

   d. Le ton et le style
      - Assurez-vous que le ton est approprié pour votre sujet et pour votre lecteur/lectrice.
      - Évitez les répétitions: Utilisez des synonymes et des pronoms pour remplacer les noms; variez les structures.
      - Utilisez des mots de transition (**d'abord, puis, ensuite, aussi, c'est pourquoi, [mal]heureusement, ainsi/de cette façon,** etc.).

Chapitre 2

LES RACINES: *Rue Cases Nègres (1983)*

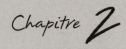
Heinle iRadio
www.thomsonedu.com/french:
- **the past tenses**
- **the imperfect past**
- **the pluperfect past**

LES MOTS POUR LE DIRE

A. Votre dictionnaire personnel

Trouvez le vocabulaire de votre liste qui correspond aux catégories suivantes.

1. l'histoire de la Martinique

_____

_____

_____

_____

2. l'injustice et l'oppression

_____

_____

_____

_____

3. l'attitude face à l'adversité

_____

_____

_____

_____

4. les études

_____

_____

_____

_____

B. Associations

Groupez les mots

Trouvez le mot qui s'associe le plus logiquement au verbe indiqué.

___ **1.** mettre le feu   **a.** une devinette

___ **2.** casser   **b.** une allumette

___ **3.** apprendre   **c.** un instituteur

___ **4.** mentir   **d.** un diplôme

___ **5.** s'installer   **e.** un bol

___ **6.** poser   **f.** une case

___ **7.** tricher   **g.** une punition

___ **8.** obtenir   **h.** un mensonge

La meilleure définition

Trouvez la meilleure définition pour les mots suivants.

___ **1.** mulâtre   **a.** un arbre des régions chaudes

___ **2.** résignation   **b.** la cérémonie qui suit une mort

___ **3.** enterrement   **c.** une personne née de parents de races différentes

___ **4.** déménager   **d.** personne qui commande des employés

___ **5.** patron   **e.** changer de résidence

___ **6.** palmier   **f.** l'attitude de quelqu'un qui ne lutte pas

C. Synonymes et antonymes

L'antonyme le plus proche

Trouvez le contraire des mots suivants.

___ **1.** lutter   **a.** colonie

___ **2.** libre   **b.** se soumettre

___ **3.** métropole   **c.** révolté

___ **4.** résigné   **d.** payant

___ **5.** instituteur   **e.** élève

___ **6.** gratuit   **f.** esclave

Avant de faire la section sur **savoir** et **connaître** et la dictée:

1. _Rue Cases Nègres:_ Visionnez le film.

2. _Manuel:_ Étudiez _L'imparfait_ et faites les exercices des sections **Application immédiate 1** et **2.**

Savoir et connaître

You may find the meaning of **savoir** and **connaître** rather mysterious or confusing. After all, they both translate as *to know* in English, so how can the meaning of one English verb be divided into two French verbs?

By now you've likely come to understand that when followed by a direct object, **savoir** is used for factual knowledge—answers that can be either right or wrong—while **connaître** is used for the more general way it is possible to know people, countries, subject matters, etc. But it is helpful to know that while **savoir** is *rarely* followed by a direct object, **connaître** *always* is.

Compare the following structures:

Je connais bien Paris.	*I know Paris well.*
Connaissez-vous ma mère?	*Do you know my mother?*
Nous ne connaissions pas l'histoire de la Martinique.	*We didn't know the history of Martinique.*
Je ne sais pas ton adresse.	*I don't know your address.*
Nous ne savons pas quoi faire.	*We don't know what to do.*
Est-ce que vous saviez qu'elle était partie?	*Did you know she had left?*
Il ne sait pas où il faut aller.	*He doesn't know where to go.*
Savent-ils lire?	*Do they know how to read?/Can they read?*

By looking at the difference in sentence structure, it becomes easier to decide which verb to use.

Savoir is used before an infinitive or a clause.

Connaître always has a direct object.

Savoir is rarely followed by a direct object and when it is, the knowledge spoken of is simple and factual.

Tableau récapitulatif

	Verbe intransitif (tout seul)	Verbe suivi d'un complément d'objet direct	Verbe suivi d'une proposition *(a clause):* verbe à l'infinitif, **que, comment, pourquoi**, etc.
savoir	✓	✓	✓
connaître	X	✓	X

Complétez les phrases avec **savoir** ou **connaître** à l'imparfait.

1. M'man Tine _____ bien les difficultés de la vie dans les cases et elle

   _____ que l'éducation était le seul moyen d'améliorer sa vie.

2. M'man Tine ne _____ pas où habiter à Fort-de-France. Elle ne

   _____ pas la ville.

3. Tout le monde _____ que les patrons étaient injustes, mais les travailleurs ne _____ pas quoi faire pour obtenir plus de respect.

4. Les habitants de la Rue Cases Nègres ne _____ pas lire mais ils _____ l'histoire de leurs origines.

5. José _____ les plantes et les secrets de la nature parce qu'il parlait souvent avec son ami Médouze.

D. Dictée

Track 6

Écoutez le passage pour remplir les blancs.

_____ (1) étaient exploités par leurs patrons. Certains _____ (2) et acceptaient _____ (3).

D'autres protestaient quand ils _____ (4) leur paie. M'man Tine, elle, _____ (5), mais elle faisait tout pour que José ne travaille pas dans les champs. Elle l'_____ (6) de manière très stricte pour lui apprendre les bonnes manières. Elle le punissait quand _____ (7). Elle _____ (8) contre les obstacles.

Quand José _____ (9) le certificat d'études, elle a décidé de _____ (10) à Fort-de-France, où se trouvait le lycée. José a pu _____ (11) grâce au courage de sa grand-mère.

PRÉPARATION À LA DISCUSSION

Avant de faire ces activités, étudiez *Le passé composé* et *Le passé composé et l'imparfait* et faites les exercices des sections **Application immédiate 3 à 7**.

A. Prononcez bien

La prononciation des verbes au passé

Paying close attention to the distinct pronunciation of the past tenses will help you differentiate between the two as you listen, speak, and write.

- Regular past participles end in final vowels which are pure and tense.

    parlé [e]   fini [i]   rendu [y]

- The endings of the **imparfait, ais, ait, aient,** are pronounced with an open e—the sound you hear in the words **bête** and **chaise.**

    je parlais   tu parlais   ils parlaient

Hearing the difference between the **imparfait** and the **passé composé** will also become easier if you listen closely for the difference in pronunciation between the unaccented **e** in **je** and the closed tense **e** in **j'ai**.

Je travaillais.   *J'ai travaillé.*

Écoutez et répétez

Repeat the forms that you hear. The first is a verb conjugated in the **imparfait** and the second is in the **passé composé**.

Track 8

Écoutez et encerclez

Listen to the sentences and circle the form you hear (imperfect or past participle).

Track 9

1. étaient   été
2. dansait   dansé
3. aimais   aimé
4. pleurais   pleuré
5. embrassait   embrassé
6. rêvait   rêvé
7. plagiais   plagié
8. retrouvais   retrouvé
9. arrêtaient   arrêté
10. lavait   lave

Parlons de Grammaire

The past does not exist as an object that can be brought out and examined, and so we need language to give it shape and meaning. The past tenses we are studying in this chapter allow speakers to organize events and shape their stories.

The **passé composé** presents the events of a story—giving it a plot. If you were to outline the events of a film or book, saying only what happens and what happens next, you would use the **passé composé**.

Such a skeletal list of actions, however, would not make for a very interesting story. We also need to know why things happen and under what circumstances. Verbs in the **imparfait** provide this important background and mood—what people were doing, how they were feeling, what the scene was like—that helps a story come alive.

Consider this example:

Un jour, José est allé retrouver son ami Médouze. Il a trouvé la porte fermée. Il a partagé son inquiétude avec M'man Tine. Elle a alerté le village.

This is a very basic outline of one scene in the film. It gives the succession of events—the simple plot. The sentences cannot be rearranged without changing the story considerably or making it nonsensical.

Compare with the following:

La Rue Cases Nègres était un endroit pauvre mais souvent joyeux.

L'été, les enfants jouaient ensemble pendant que les adultes travaillaient dans les champs.

Il faisait beau et ils trouvaient toujours des activités amusantes.

Le soir, les habitants chantaient et dansaient ensemble. Ils racontaient des histoires des ancêtres et de l'Afrique.

The description this paragraph contains can be rearranged without significantly altering its meaning.

L'été, il faisait beau et les enfants s'amusaient ensemble.

Les adultes travaillaient dans les champs. Le soir, ils chantaient et dansaient auprès du feu.

La Rue Cases Nègres était un endroit pauvre mais souvent joyeux.

B. La grammaire et le film

La vie à Rivière-Salée

Complétez les phrases avec **tous les jours** ou **un jour** pour marquer la différence entre les actions habituelles et les événements de l'histoire.

Exemple: **Tous les jours,** les enfants allaient à l'école à pied.

1. _____ José a cassé la vaisselle de Madame Léonce.

2. _____ M'man Tine travaillait dans les champs.

3. _____ elle a quitté sa case pour être près de José.

4. _____ José écoutait les histoires de Médouze avec grand plaisir.

5. _____ Médouze lui a donné une figure en bois.

6. _____ José allait voir son ami Carmen pour lui apprendre à écrire.

7. _____ José est allé voir Carmen à Fort-de-France.

8. _____ Stephan Le Roc insistait sur l'importance de l'éducation.

9. _____ il a annoncé que José allait à Fort-de-France.

10. _____ le père de Léopold a eu un accident grave.

11. _____ son père lui interdisait de jouer avec les enfants des cases.

Qu'est-ce qu'ils faisaient et qu'est-ce qu'ils ont fait?

Les phrases suivantes contiennent deux verbes. Lequel décrit ce que les personnes faisaient (*were doing*, imparfait)? Lequel décrit ce que les personnes ont fait (*did*, passé composé)? Pour décider, il est parfois utile de se remémorer la scène. Faites deux phrases en conjuguant les verbes au temps approprié.

Exemple: Quand les enfants ont mis le feu au jardin de Julien Douze Orteils, les adultes (être dans les champs, punir les enfants).

Quand les enfants ont mis le feu au jardin de Julien Douze Orteils, les adultes *étaient dans les champs. Ils ont puni les enfants.*

1. Quand les enfants ont cassé le bol de M'man Tine, M'man Tine (travailler dans les champs, se fâcher).

_____

_____

2. Quand José a exprimé son inquiétude pour Médouze, M'man Tine (préparer le dîner, alerter le village).

_____

3. Quand José est passé devant sa maison en courant, Madame Léonce (faire la lessive, crier des insultes).

_____

_____

4. Quand Léopold est rentré à la maison, sa mère (écouter de la musique, l'embrasser).

_____

_____

5. Quand le père de Léopold est entré dans l'église, les enfants (réciter le catéchisme, arrêter de parler).

_____

_____

6. Quand Stephan le Roc est venu annoncer sa réussite au concours, José (lire sur le lit de sa grand-mère, sourire).

_____

L'incendie

1. Remémorez-vous la scène de l'incendie au début du film et lisez les phrases ci-dessous. Puis indiquez dans la première colonne si chaque phrase parle de l'action elle-même (**A,** ce qui s'est passé) ou des circonstances (**C,** le contexte de l'action).

   a. _C_   Les parents *sont* aux champs. _____

   b. ____   Les enfants *s'amusent* ensemble. _____

   c. _A_   Ils *vont* chez Julien Douze Orteils. _____

   d. ____   Ils ne l'*aiment* pas parce qu'il *boit* souvent. _____

   e. ____   Ils *trouvent* un œuf et *décident* de le faire cuire. _____

f. ____ Ils n'*ont* pas d'allumettes. _____

g. ____ Il *faut* aller chez Madame Lina mais les enfants *ont* trop peur.

_____

h. ____ Aurélie *accepte* d'y aller. _____

i. ____ Elle *prend* une bouteille. _____

j. ____ Aurélie *demande* du rhum à Madame Lina et puis elle *achète* des

allumettes. _____

k. ____ Madame Lina *croit* qu'Aurélie *fait* les courses pour sa mère qui

est enceinte. _____

l. ____ Les enfants *boivent* le rhum. _____

m. ____ Ils *deviennent* ivres. _____

n. ____ Un enfant *met* le feu chez Julien et les autres *rient*. _____

o. ____ Les adultes *travaillent* toute la nuit pour l'éteindre. _____

p. ____ Les enfants *sont* tristes et malades. _____

q. ____ Julien Douze Orteils les *bat*. _____

2. Maintenant, mettez les verbes en italique au passé composé ou à l'imparfait pour raconter l'histoire au passé. Écrivez la forme correcte des verbes après les phrases de l'exercice précédent.

C. L'intrigue

Indiquez le personnage et le moment du film (au début, au milieu, à la fin) qui correspondent aux répliques suivantes.

Répliques	Qui parle?	Quand? Au début? Au milieu? À la fin?
1. "M. Médouze n'a pas l'habitude (*to be used to, to be in the habit of*) M'man. Il a fermé sa porte avec du fil de fer (*wire*)."		
2. "Monsieur Hassam, dites-nous donc quelle différence de sens il y a entre *caqueter* et *chanter*. … Lorsqu'on est un élève aussi brillant on ne se permet pas d'arriver en retard."		
3. "L'instruction est la clef qui ouvre la deuxième porte de notre liberté."		
4. "Ah oui j'ai oublié… je voulais des allumettes."		
5. "Juliette t'a encore vu avec ces petits nègres. Tu sais bien que ton père n'aime pas que tu joues avec eux."		
6. "Regardez ce petit nègre aux pieds nus. Il ne sait même pas parler français."		
7. "Tu n'as qu'à dire (*just say*) que c'était une poule. Elle est montée sur la table et elle l'a cassé quand tu l'as chassée."		
8. "Ils sont bien méchants avec leur quart de bourse mais ils ne savent pas quelle femme je suis."		
9. "M. Hassam, ce devoir n'est pas à vous. Vous avez triché."		
10. "C'est un petit nègre habillé de blanc dans un château vert. … Elle est toujours enceinte mais n'accouche pas."		

POUR ALLER PLUS LOIN

A. La grammaire et le film

Quelle est la traduction?

Trouvez la bonne traduction des phrases suivantes.

> Avant de faire les exercices de cette section, étudiez *L'accord du participe passé* et *Le plus-que-parfait* et faites les exercices des sections **Application immédiate 8** et **9**.

_____ 1. M'man Tine was tired; she had worked many hours in the fields.
   a. M'man Tine était fatiguée; elle travaillait plusieurs heures dans les champs.
   b. M'man Tine était fatiguée; elle avait travaillé plusieurs heures dans les champs.
   c. M'man Tine a été fatiguée; elle a travaillé plusieurs heures dans les champs.

_____ 2. In the evenings she would smoke her pipe and sing.
   a. Le soir, elle fumait sa pipe et chantait.
   b. Le soir, elle a fumé sa pipe et elle a chanté.
   c. Le soir, elle a fumé sa pipe et elle avait chanté.

_____ **3.** Madame Léonce was hanging up laundry when she saw José.
    a. Madame Léonce a pendu son linge quand elle a vu José.
    b. Madame Léonce pendait son linge quand elle avait vu José.
    c. Madame Léonce pendait son linge quand elle a vu José.

_____ **4.** When Leopold came home from school his mother was listening to music.
    a. Quand Léopold est rentré de l'école, sa mère écoutait de la musique.
    b. Quand Léopold rentrait de l'école, sa mère avait écouté de la musique.
    c. Quand Léopold est rentré de l'école, sa mère a écouté de la musique.

_____ **5.** When José saw his new jacket, he kissed his grandmother.
    a. Quand José a vu sa nouvelle veste, il a embrassé sa grand-mère.
    b. Quand José a vu sa nouvelle veste, il avait embrassé sa grand-mère.
    c. Quand José a vu sa nouvelle veste, il embrassait sa grand-mère.

_____ **6.** José gave her the watch she had so often asked for.
    a. José lui a donné la montre qu'elle a si souvent demandée.
    b. José lui donnait la montre qu'elle demandait si souvent.
    c. José lui a donné la montre qu'elle avait si souvent demandée.

_____ **7.** Madame Lina believed the story that Aurélie told her.
    a. Madame Lina a cru l'histoire qu'Aurélie lui avait racontée.
    b. Madame Lina a cru l'histoire qu'Aurélie lui racontait.
    c. Madame Lina avait cru l'histoire qu'Aurélie lui a racontée.

_____ **8.** At school, José sat next to Léopold who lived in town.
    a. À l'école, José s'asseyait à côté de Léopold qui a habité en ville.
    b. À l'école, José s'asseyait à côté de Léopold qui habitait en ville.
    c. À l'école, José s'était assis à côté de Léopold qui habitait en ville.

La cause et l'effet

Répondez aux questions suivantes avec un verbe au plus-que-parfait. Utilisez des verbes de la liste.

acheter	apprendre	arriver en retard
boire	casser	fermer sa porte
mentir	mettre le feu	refuser de le reconnaître
se venger	voler	

1. Pourquoi est-ce que José a dû rester à la porte de la classe avec les bras en croix?

Parce qu'il _____.

2. Pourquoi est-ce que Julien Douze Orteils a battu les enfants?

Parce qu'ils _____ à son jardin.

3. Pourquoi est-ce que José était inquiet pour Médouze?

Parce que Médouze _____ avec du fil de fer *(with wire)*.

4. Pourquoi est-ce que José appréciait tellement la nature?

Parce que Médouze lui _____ son importance.

5. Pourquoi est-ce que les enfants ont ri quand ils ont vu le feu?

Parce qu'ils _____ du rhum.

6. Pourquoi est-ce que José a embrassé sa grand-mère?

Parce qu'elle lui _____ un beau costume.

7. Pourquoi est-ce que Madame Léonce a crié des insultes à José?

Parce qu'il _____ d'elle.

8. Pourquoi est-ce que Léopold s'est révolté après la mort de son père?

Parce que son père _____.

9. Pourquoi est-ce que les gendarmes ont arrêté Léopold?

Parce qu'il _____ le registre de l'usine.

Les derniers jours de M'man Tine

Terminez la narration de la maladie de M'man Tine en mettant les verbes à l'imparfait, au passé composé ou au plus-que-parfait.

Un jour quand José _____ (1) (rentrer) de l'école, il

_____ (2) (trouver) Madame Fusil devant sa porte. Elle

lui _____ (3) (apprendre) que M'man Tine

_____ (4) (tomber) malade et que Monsieur Saint Louis

l'_____ (5) (ramener) chez elle. Madame Fusil

_____ (6) (dire) à José qu'il _____ (7)

(falloir) manger, mais José _____ (8) (ne pas avoir) faim du tout. Il

_____ (9) (regarder) M'man Tine et lui

_____ (10) (promettre) qu'il _____ (11)

(aller) s'occuper d'elle un jour. La vieille dame _____ (12) (sourire)

et _____ (13) (s'endormir). Quand elle

_____ (14) (mourir) quelque temps plus tard, José

_____ (15) (être) très triste. Mais quand il

_____ (16) (quitter) la Rue Cases Nègres, il

_____ (17) (emporter) avec lui toutes les choses qu'elle lui

_____ (18) (apprendre).

Vérifiez les accords

Un ami vous demande de regarder ses notes et de faire les accords du participe passé si cela est nécessaire. Examinez bien ses phrases et mettez les accords qui manquent. Mettez un Ø si l'accord n'est pas nécessaire.

1. Aurélie est allé _____ chez Madame Lina pour demander des allumettes.

2. José a essayé de recoller le bol que les enfants avaient cassé _____.

3. José n'a jamais oublié les histoires que Médouze lui a raconté _____.

4. Pour apprendre à écrire, Carmen a fait des lettres, et José les a corrigé _____.

5. José a reçu _____ une bourse pour continuer ses études.

6. Tortilla a beaucoup aimé la montre que José lui avait donné _____.

7. Pour remercier sa grand-mère il l'a embrassé _____ très fort.

8. M'man Tine s'est installé _____ à Fort-de-France pour payer les frais de scolarité.

9. Le maître d'école a lu la composition que José avait écrit _____ devant la classe.

10. M'man Tine est mort _____ dans sa case à Rivière-Salée.

B. Imaginez des situations

Une nouvelle séquence

Imaginez que José retourne à Rivière-Salée à 40 ans avec une longue carrière derrière lui. Après sa visite il note ses actions et sentiments dans son journal. Qu'est-ce qu'il écrit? Où est-il allé? Qui a-t-il rencontré? Qu'est-ce qu'il a vu? À qui et à quoi pensait-il pendant sa visite? Écrivez un paragraphe contenant un minimum de dix verbes différents à l'imparfait, au passé composé ou au plus-que-parfait.

Aujourd'hui je suis retourné dans la petite ville où j'ai grandi.

_____

_____

_____

_____

_____

_____

_____

_____

_____

PRÉPARATION À LA LECTURE

A. Les renseignements culturels. Maryse Condé

La lecture de ce chapitre est un extrait de *Traversée de la mangrove* (1989), un roman de Maryse Condé. Pour mieux connaître l'auteur, visitez les sites que vous trouverez sur **http://www.thomsonedu.com/french/sequences** et cherchez des réponses au maximum de questions suivantes.

La biographie de Maryse Condé

1. Où et quand Maryse Condé est-elle née?

_____

_____

2. Où a-t-elle fait ses études?

_____

_____

3. Dans quels pays a-t-elle vécu?

_____

_____

4. Quels types de livres écrit-elle?

_____

_____

5. En plus de l'écriture, quelles sont ses autres activités professionnelles?

_____

Les idées de Maryse Condé

Lisez rapidement les sous-titres pour savoir où chercher les informations suivantes.

1. Pourquoi est-ce que Maryse Condé a voulu passer du temps en Afrique?

_____

_____

2. Pourquoi dit-elle que la culture est plus importante que la race?

_____

_____

3. Quelles attitudes des *African Americans* critique-t-elle?

_____

_____

B. Le vocabulaire de la lecture

Les mots apparentés

Grâce au vocabulaire que vous connaissez déjà, devinez le sens des mots de la troisième colonne.

	Mot connu	Traduction anglaise	Mot apparenté	Traduction anglaise
1.	brillant	*brillant, shiny*	briller	
2.	suffisant	*sufficient*	suffire	
3.	rien	*nothing*	ces mille riens	
4.	secret	*secret*	secrètement	
5.	à côté	*next to*	à mes côtés	
6.	vivre	*to live*	vivant	
7.	ferme	*firm*	fermement	
8.	réunion	*reunion, meeting*	se réunir	
9.	chanter	*to sing*	chantonner	
10.	appeler	*to call*	rappelé	

En d'autres mots

Maryse Condé nous communique les expériences de son personnage par l'intermédiaire d'un langage riche en images. Liez les citations de l'article que vous allez lire (1–7) aux explications suggérées dessous (a–g).

____ **1.** "… les hommes me regardaient et leurs yeux brillaient."

____ **2.** "Au lycée j'étais la première partout et les professeurs disaient que j'irais loin."

____ **3.** "Cinq bouches à nourrir sur des gammes, des arpèges et *Le Clavecin bien tempéré*."

____ **4.** "… une lampe éternelle brûlait devant la photo de mon père…"

____ **5.** "Sous ses beaux discours, il méprisait secrètement ses compatriotes et ne se sentait en harmonie qu'avec les métropolitains qui défilaient à notre table."

____ **6.** "Des inscriptions injurieuses, « De Gaulle assassin », « À bas le colonialisme »…"

____ **7.** "Emmanuel Pélagie avait été frappé, puis arrêté par les forces de l'ordre…"

a. La narratrice était très belle.

b. Son mari est un homme faux et prétentieux.

c. Sa mère ne gagnait pas assez d'argent pour nourrir ses enfants.

d. Le père de la narratrice manquait beaucoup à sa famille.

e. L'histoire se passe pendant une période de l'histoire très mouvementée.

f. Avant son mariage, la narratrice a reçu une bonne éducation.

g. Son mari a été puni pour ses activités politiques.

C. Imaginez des situations

Vous allez rencontrer les situations suivantes dans les extraits de *Traversée de la mangrove* que vous allez lire en classe. Dans ce roman, une femme raconte son mariage à l'âge de seize ans à un homme qu'elle n'aime pas. Pour vous préparer à mieux comprendre le texte, imaginez le contexte des situations que vous allez y rencontrer. Écrivez une ou deux phrases pour répondre à chaque question.

1. Pour quelles raisons est-ce qu'une fille se mariait parfois à seize ans autrefois/se marie parfois à seize ans dans certaines parties du monde?

_____

_____

_____

2. Quel type de personne est-ce que vos parents choisiraient pour vous comme partenaire? Y a-t-il des différences entre leurs préférences et les vôtres?

_____

_____

_____

3. Quelles caractéristiques font d'un mari un homme difficile et désagréable?

_____

_____

_____

4. Imaginez les activités et les sentiments d'une jeune femme qui se trouve obligée de vivre avec un homme qu'elle supporte mal. Que fait-elle tous les jours? Comment se sent-elle?

_____

_____

_____

5. Imaginez un événement qui pourrait changer ces circonstances.

_____

_____

_____

D. La lecture

Parcourez les extraits du roman *Traversée de la mangrove* dans le manuel de classe.

Système-D 4.0

PRÉPARATION À L'ÉCRITURE

Le film *Rue Cases Nègres* est inspiré par une œuvre autobiographique. Réfléchissez maintenant aux événements de votre vie pour préparer votre propre récit autobiographique.

A. Choisissez un sujet

Pour choisir un sujet, vous pouvez vous inspirer des éléments du film.

Un ami qui inspire

José a beaucoup travaillé à l'école mais on peut dire que son amour du savoir a commencé avec ses conversations avec M. Médouze. Quelle personne a eu le plus d'influence sur vos intérêts et succès dans la vie? Quand et où l'avez-vous rencontré(e)? Comment est-ce que cette personne vous a inspiré(e)—par ses actions, ses paroles, sa façon de vivre? Vous souvenez-vous d'un moment ou d'une conversation précise avec cette personne?

Un incident regrettable

Quand ils étaient jeunes, José et ses amis ont cassé le bol de M'man Tine et ont même causé un incendie. Vous souvenez-vous d'un incident regrettable dont vous avez été responsable?

Une vengeance

Pour se venger de Madame Léonce, qui est responsable de son retard à l'école, José jette une pierre sur sa vaisselle pour la casser. Vous êtes-vous déjà vengé(e)? De qui vous êtes-vous vengé(e)? Qu'est-ce que cette personne avait fait pour causer cette vengeance?

Un déménagement

En très peu de temps, M'man Tine et José ont dû déménager deux fois. Est-ce que vous avez déjà quitté un lieu que vous aimiez? Pour quelles raisons avez-vous dû partir? Qu'est-ce que vous avez ressenti quand vous avez dû déménager? Comment avez-vous réagi? Que s'est-il passé le jour où vous êtes parti(e)?

Une nouvelle école

José est très heureux d'aller à sa nouvelle école à Fort-de-France, mais les premiers jours dans une nouvelle école ne sont pas toujours sans difficultés. Quels souvenirs d'école avez-vous? Qu'est-ce qui rend ces souvenirs si vifs? Quelle importance a eu cette expérience dans votre vie?

B. Réfléchissez au contenu

Avant de vous mettre à écrire, réfléchissez aux éléments essentiels de votre histoire et à la structure d'un bon récit. Notez quelques idées pour chaque point.

Le moment de la vie

À quel moment de votre vie est-ce que votre histoire s'est passée? Décrivez la saison, le temps et le moment de la journée.

_____

_____

_____

Le lieu

Où étiez-vous au moment de votre histoire? Pensez aux sons et aux couleurs de votre environnement. Est-ce que c'était un endroit que vous aimiez ou est-ce qu'il vous était désagréable? Pourquoi?

_____

_____

_____

Les participants

Qui était avec vous au moment de votre histoire? Pouvez-vous décrire ces personnes? Quelles relations aviez-vous avec elles? Aviez-vous des sentiments positifs ou négatifs pour ces personnes? Décrivez leurs actions pendant l'histoire.

_____

_____

_____

L'événement

Que s'est-il passé? Notez bien toutes les actions importantes. Comment avez-vous réagi? Et les autres?

_____

_____

_____

C. Réfléchissez à la langue

Le vocabulaire

De quel vocabulaire avez-vous besoin pour raconter votre histoire? Quel nouveau vocabulaire allez-vous intégrer dans votre rédaction? Avant de vous mettre à écrire, consultez un bon dictionnaire et le vocabulaire du chapitre.

La grammaire

Faites attention à bien utiliser les temps du passé. Réutilisez les techniques que vous avez utilisées dans **La grammaire et le film** et dans **Préparation à la discussion** pour déterminer quels temps vous allez choisir.

D. Organisez votre rédaction

Pour varier le rythme de votre histoire, faites alterner la narration des événements et la description des circonstances et des émotions.

E. Perfectionnez votre travail

1. Demandez à un(e) camarade de classe de lire votre rédaction et de vous faire des commentaires sur les idées, l'organisation et la langue.

2. Lisez votre travail à voix haute. Vous vous rendrez compte *(You will notice)* plus facilement des problèmes d'organisation, des incohérences, des répétitions et des fautes d'inattention.

3. Faites attention aux points suivants:

    a. Les noms et les adjectifs
- Le genre (masculin ou féminin) est-il correct?
- Le nombre (singulier ou pluriel) est-il correct?
- Le déterminant (article défini, indéfini, partitif, etc.) est-il approprié?
- La position des adjectifs (avant ou après le nom) est-elle correcte?

    b. Les verbes
- Sont-ils au bon temps (présent, imparfait, passé composé, etc.)?
- Leur structure est-elle correcte? (par exemple, faut-il une préposition après le verbe?)
- La conjugaison est-elle correcte?
- S'accordent-ils avec le sujet?
- Au passé composé et au plus-que-parfait, avez-vous choisi le bon auxiliaire?
- L'accord du participe passé est-il correct?

    c. L'orthographe *(Spelling)*
- Vérifiez l'orthographe et n'oubliez pas les accents.

    d. Le ton et le style
- Assurez-vous que le ton est approprié pour votre sujet et pour votre lecteur/lectrice.
- Évitez les répétitions: Utilisez des synonymes et des pronoms pour remplacer les noms; variez les structures.
- Utilisez des mots de transition (**un jour, d'abord, puis, ensuite, finalement, aussi, c'est pourquoi, [mal]heureusement, ainsi/de cette façon,** etc.).

Chapitre 3

MODES DE VIE: *Le Goût des autres (1999)*

Heinle iRadio
www.thomsonedu.com/french:
- possessive and demonstrative adjectives
- subject pronouns and nouns
- indefinite and definite articles
- present participle

LES MOTS POUR LE DIRE

A. Votre dictionnaire personnel

Trouvez le vocabulaire de votre liste qui correspond aux catégories suivantes.

1. les relations humaines

_____

_____

_____

_____

2. le théâtre

_____

_____

_____

_____

3. la peinture et la décoration

_____

_____

_____

_____

4. le travail et les conditions de vie

_____

_____

_____

_____

B. Synonymes et antonymes

Le synonyme le plus proche

Référez-vous à la liste principale de vocabulaire dans votre manuel pour trouver le synonyme le plus proche.

___ **1.** s'adapter	**a.** grossier
___ **2.** s'intégrer	**b.** changer
___ **3.** vulgaire	**c.** s'habituer
___ **4.** drôle	**d.** faire partie
___ **5.** honnête	**e.** amusant
___ **6.** évoluer	**f.** franc

L'antonyme le plus proche

Référez-vous à la liste principale de vocabulaire dans votre manuel pour trouver l'antonyme le plus proche.

___ **1.** regarder les choses en face	**a.** laisser tomber
___ **2.** gagner sa vie	**b.** souple
___ **3.** idéaliste	**c.** foncé
___ **4.** s'engager	**d.** cynique
___ **5.** rigide	**e.** se faire des illusions
___ **6.** clair	**f.** être au chômage

C. Associations

Groupez les mots

Trouvez l'adjectif qui correspond à chaque verbe. Référez-vous à la liste principale de vocabulaire dans le manuel.

Exemple: faire confiance   _confiant_

1. ne pas faire confiance

_____

2. regarder les choses en face

_____

3. voir le mal partout

_____

4. faire des concessions

_____

5. se faire des illusions

_____

6. profiter

_____

7. se moquer

_____

8. se cultiver

_____

9. s'adapter

_____

10. dire la vérité

_____

Le français familier

Liez les expressions familières de la liste aux situc ations indiquées. Référez-vous à la liste de **Vocabulaire familier** dans le manuel.

a. Je n'y suis pour rien.   **d.** Il se prend pas pour une merde.
b. Tu fais une drôle de tête.   **e.** Tu peux faire une croix dessus.
c. Tu te laisses pas faire, toi.   **f.** Tu rigoles!

___ **1.** Vous trouvez qu'un collègue est trop vaniteux.

___ **2.** Vous appréciez le courage de quelqu'un.

___ **3.** Vous trouvez qu'un ami a l'air bizarre.

___ **4.** Votre ami vous dit qu'il a gagné plusieurs millions de dollars à la loterie, mais vous ne le croyez pas.

___ **5.** Vous n'êtes pas responsable d'un incident.

___ **6.** Vous pensez que votre amie ne retrouvera pas la voiture qu'on lui a volée.

D. Dictée

Après avoir révisé votre **Liste de vocabulaire,** écoutez le passage sur le film et remplissez les blancs.

Track 11

Croyez-vous que _____ (1) qui aiment

_____ (2) et assister à _____ (3) et à des

représentations de _____ (4) ont le droit de

_____ (5) aux gens _____ (6) qui préfèrent

_____ (7) à regarder _____ (8) et

_____ (9) à raconter _____ (10)? Ou

est-ce qu'on a tort de _____ (11) et de se montrer

_____ (12)? Est-ce que ceux qui refusent de

_____ (13) les bonnes qualités des autres

_____ (14)? Peut-on reprocher aux autres de ne pas partager

_____ (15) ou doit-on être tolérant,

_____ (16) et _____ (17) aux goûts des

autres?

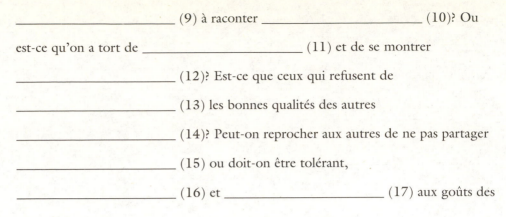

AVANT LE PROCHAIN COURS

1. *Le Goût des autres:* Visionnez le film.

2. ***Manuel:*** Étudiez *Le groupe nominal* et *Les noms* et faites l'exercice de la section **Application immédiate 1.**

PRÉPARATION À LA DISCUSSION

Avant de faire ces activités, étudiez *Les déterminants, Les adjectifs (Le genre et le nombre)* et faites les exercices des sections **Application immédiate 2 à 4.**

A. Prononcez bien

La prononciation des adjectifs

While the written form of all adjectives changes to some extent according to the gender and number of the noun it modifies, only certain types of adjectives change their phonetic form and therefore, the agreement of adjectives is only occasionally heard in spoken French. Quite often, the pronunciation of adjectives is unchanged despite the change in spelling.
Compare:

effacé, effacés, effacée, effacées
All forms of this adjective share the same pronunciation.

discret, discrets, discrète, discrètes
The masculine and feminine forms of this adjective are very different.

English speakers must stop to think about the difference between they're/there/their or whose/who's when they are writing, and the French language is full of similar challenges where one pronunciation can have many different spellings. Becoming a good student of French requires that you take the time to look closely at the spelling of your adjectives as you write.

Underline the adjectives in this list that have different pronunciations in the masculine and feminine forms.

1. abstrait	**2.** respectueux	**3.** assorti	**4.** contrarié
5. grossier	**6.** honnête	**7.** ignorant	**8.** naïf
9. pur	**10.** râleur	**11.** touchant	**12.** vif

Écoutez et répétez

Now check your answers by listening to and repeating the masculine and feminine forms of the adjectives. Then refer to the answer key and listen again.

Écoutez et encerclez

Circle the form of the adjective that you hear in the following sentences. Note that you will have to rely on context to decide whether the adjective is singular or plural.

	m. s.	m. pl.	f. s.	f. pl.
1.	abstrait	abstraits	abstraite	abstraites
2.	respectueux	respectueux	respectueuse	respectueuses
3.	assorti	assortis	assortie	assorties
4.	grossier	grossiers	grossière	grossières
5.	ignorant	ignorants	ignorante	ignorantes
6.	naïf	naïfs	naïve	naïves
7.	pur	purs	pure	pures
8.	râleur	râleurs	râleuse	râleuses
9.	touchant	touchants	touchante	touchantes
10.	vif	vifs	vive	vives

Parlons de Grammaire

Les déterminants

Determinants shape the nouns they modify and are therefore powerfully important to communication. Their use in French is very similar to their use in English, and yet native English speakers still frequently misuse the forms when writing and speaking French. Why might this happen?

An important first step to reducing errors is to recognize the importance of determinants in successful communication. At first glance, **un** and **la** may just look like insignificant words that convey little information and are therefore not worth worrying about—but nothing could be further from the truth.

Consider the following sentences:

1. My cat is sleeping.   **Mon chat dort.**
2. The cat is sleeping.   **Le chat dort.**
3. A cat is sleeping   **Un chat dort.**
4. This cat is sleeping.   **Ce chat dort.**

Under what circumstances might you say each of these sentences? Are they interchangeable? In fact, the difference in determinant changes the meaning of the sentence as a whole.

To further your understanding of the importance of determinants, consider the following paragraph from the introduction to this chapter.

The film for this chapter is about class and lifestyle differences and change. A practically minded CEO reluctantly attends a play by seventeenth-century playwright Jean Racine and falls in love with the text and the actress. He befriends her and tries to fit in with her group of artsy and intellectual friends. While studying and working on this chapter, you will acquire vocabulary to speak about the arts (the theater and painting especially) and your own cultural interests. Reviewing nouns, adjectives, and determinants (articles, possessive and demonstrative adjectives, expressions of quantity) will help you express your likes and dislikes and describe your activities in detail.

Now see how communication breaks down when the determinants in the paragraph are randomly changed.

A film for this chapter is about class and lifestyle differences and change. The practically minded CEO reluctantly attends your play by seventeenth-century playwright Jean Racine and falls in love with a text and my actress. He befriends her and tries to fit in with the group of artsy and intellectual friends. While studying and working on a chapter, you will acquire vocabulary to speak about arts (a theater and painting especially) and my own cultural interests. Reviewing nouns, adjectives, and determinants (articles, possessive and demonstrative adjectives, expressions of quantity) will help you express the likes and dislikes and describe these activities in detail.

Let this example remind you to pay close attention to the choice of your determinants.

B. La grammaire et le film

Le chien de Madame Castella

Voici ce que Monsieur Castella pourrait dire sur le chien de sa femme. Complétez le paragraphe avec le groupe nominal qui convient.

son petit chien	un petit chien
le petit chien	ce petit chien

Ma femme adore _____ (1), Flucky. Elle dit constamment que c'est

_____ (2) sensible. Mais si _____ (3) trouve

quelqu'un désagréable, il le mord. Moi, je n'aime pas _____ (4) de

ma femme.

Les goûts de Madame Castella

Décrivez le logement des Castella. Complétez les blancs avec des groupes nominaux. Choisissez un déterminant dans la première colonne, puis un nom et un adjectif. Faites attention au choix du déterminant et à l'accord de l'adjectif. Tous les adjectifs suggérés vont après le nom.

Déterminants (articles et expressions de quantité)	Noms	Adjectifs
du, de la	bibelot (m.) *(knick-knack, decorative object)*	abstrait(e)
le, la, les	bonbonnière (f.) *(candy dish)*	ancien(ne)
un, une, des	bougie (f. pl.) *(candles)*	assorti(e)
beaucoup (de)	canapé (m.)	bleu(e)
de nombreux	chaise (f.)	clair(e)
pas assez (de)	chapeau (m.)	classique
plusieurs	coussin (m.) *(decorative pillow)*	confortable
quelques	fauteuil (m.)	contemporain(e)
trop (de)	fleur (f.)	décoratif(-ive)
un grand nombre (de)	lampe (f.)	doré(e) *(gilded)*
une dizaine (de)	livre (m.)	fleuri(e)
	meuble (m.)	foncé(e)
	miroir (m.)	harmonieux(-euse)
	nappe (f.) *(tablecloth)*	hideux(-euse)
	objet (m.)	jaune
	papier peint (m.)	luxueux(-euse)
	pendule (f.) *(clock)*	marron
	plante (f.)	moderne
	rideau (m.)	neuf(-ve)
	table (f.)	noir(e)
	tableau (m.)	pâle
	tissu (m.)	parfumé(e)
	vase (m.)	rose
		rouge
		séché(e) *(dried)*
		sombre
		traditionnel(le)
		vert(e)
		vif(-ive)

1. Les meubles: Dans le salon et la salle à manger des Castella, il y a

_____, _____, _____ et

_____.

2. Sur les murs, on voit _____, _____ et

_____. Monsieur Castella a ajouté _____.

3. Sur le canapé, il y a _____, et sur la table du salon, Madame

Castella a mis _____, _____ et

_____.

4. Comme décoration, on trouve _____, _____

et _____.

5. Madame Castella adore _____ et _____.

6. À mon goût, il y a trop de _____ et il n'y a pas assez de

_____.

Les mots des personnages

Ajoutez le déterminant nécessaire (**un, une, des; le, la, l', les**) pour compléter les dialogues.

WEBER: Écoutez, je me soucie d'abord et avant tout de votre entreprise. Il y a effectivement certains impératifs. _____ (1) choses à faire, des choses à ne pas faire.

Je suis bien obligé de vous rappeler ce que _____ (2) situation demande. C'est exactement _____ (3) travail pour lequel j'ai été engagé.

MONSIEUR CASTELLA: Tu vas me chercher _____ (4) bière, chou?

MADAME CASTELLA: Ah oui, il y a ton fils qui a appelé. Il a dit qu'il n'a pas reçu _____ (5) mandat (*money order*).

MONSIEUR CASTELLA: Pourquoi toujours "ton fils"? C'est pas ton fils, toi aussi?

MADAME CASTELLA: Oh, c'est _____ (6) façon de parler.

MONSIEUR CASTELLA: Mais pourquoi il n'a pas reçu _____ (7) mandat? Je l'ai envoyé il y a huit jours. Il est en Angleterre—il n'est pas en Chine.

MADAME CASTELLA: Ça doit être à cause de _____ (8) grève.

MONSIEUR CASTELLA: La grève, elle est finie depuis _____ (9) semaine, la grève.

LA SŒUR DE MONSIEUR CASTELLA: Je ne savais pas qu'il fallait à tout prix sympathiser avec _____ (10) chien pour avoir la chance de ne pas être mordu.

MADAME CASTELLA: Tu crois que _____ (11) animaux n'ont pas un cœur, une sensibilité?

LA SŒUR DE MONSIEUR CASTELLA: Je n'ai pas dit ça. J'ai dit que je préfère _____ (12) gens.

C. Donnez votre opinion

Vos goûts à vous

Indiquez ce que vous aimez ou n'aimez pas dans les paires suivantes.

> Remember that definite articles are used with verbs that indicate likes, dislikes, and preferences.

Quelques verbes de préférence

j'adore: *I love*
j'aime, j'aime bien: *I like*
j'aime mieux: *I prefer*
j'apprécie: *I appreciate*
je déteste: *I hate*
je ne supporte pas: *I can't stand*
je préfère: *I prefer*

Exemple: théâtre/expositions d'art

> *J'aime le théâtre mais je préfère les expositions d'art./Je déteste les expositions d'art et les pièces de théâtre.*

1. tragédies en vers/comédies modernes

_____

_____

2. feuilletons populaires/films français

_____

_____

3. peinture abstraite/peinture classique

_____

_____

4. papier peint fleuri/papier peint clair

_____

_____

5. couleurs vives/couleurs foncées

_____

_____

Les personnages et vous

Indiquez si vous aimez ou n'aimez pas les caractéristiques ou possessions des personnages suivants. Choisissez des verbes parmi les verbes suggérés dans l'exercice ci-dessus. Utilisez des adjectifs possessifs.

Exemple: Castella (moustache)

> *J'aime bien sa moustache./Je n'aime pas sa moustache.*

1. Angélique (maison)

_____

2. Clara (amis)

_____

3. les amis de Clara (sujets de conversation)

_____

4. Deschamps et Moreno (discrétion)

_____

5. l'artiste [l'ami de Clara] (exposition)

_____

D. L'intrigue

L'histoire d'amour de Clara et Castella

Arrangez les étapes dans la relation de Clara et Castella en ordre chronologique en les numérotant de 1 à 12.

___ Castella écrit un poème en anglais pour déclarer son amour à Clara.

___ Castella propose qu'ils fassent le cours dans un salon de thé.

___ Castella se sent ridicule et manque un cours.

___ Castella félicite Clara après la dernière de _Bérénice_.

___ Clara veut éviter Castella. Elle n'apprécie pas qu'il s'invite à dîner avec elle et ses amis.

___ Clara vient au bureau de Castella pour lui donner un cours d'anglais.

___ Clara refuse de reconnaître les sentiments de Castella.

___ Clara reproche à son ami de vouloir profiter de Castella.

___ Clara est contrariée parce que Castella lui rend son livre en disant qu'il "n'était pas terrible".

___ Clara demande à ses amis s'ils ont vu Castella.

___ Clara fait un grand sourire quand elle voit Castella parmi les spectateurs d'_Hedda Gabbler_.

___ Castella voit Clara jouer dans une représentation de _Bérénice_ et en est très ému.

Avant de faire ces activités, étudiez _Les adjectifs_ et faites les exercices des sections **Application immédiate** 5 à 7.

POUR ALLER PLUS LOIN

A. La grammaire et le film

Parlons de Grammaire

C'est	vs.	**Il/Elle est**
Ce sont		**Ils/Elles sont**

There's a grammatical rule in French that states the following:

1. Use **c'est** or **ce sont** with a noun phrase (determinant + noun [+ adjective]).

2. Use **il/elle est** or **ils/elles sont** with an adjective.

There is nothing at all tricky about this grammatical point in and of itself. If you can tell the difference between an adjective and a noun phrase, you can apply the rule.

And yet, many students make mistakes, because they think in English rather than French. The English equivalents of **c'est** and **il/elle est** are often the same (_She is_ in the following example):

1. **C'est** ma voisine. **C'est** une femme sympathique.

   **She is** my neighbor. **She is** a nice woman.

2. **Elle est** amusante.

She is funny.

An exception to this rule is with professions. Both **c'est (ce sont)** and **il/elle est (ils/elles sont)** are used, but pay attention to the two structures:

1. **C'est** un peintre (connu).

He is a (well-known) painter.

With **c'est,** the noun *(peintre)* has a determinant (**un**) and can be modified by an adjective (connu).

2. **Il est** peintre.

He is a painter.

With **il est,** the noun has no determinant and cannot be modified by an adjective.

You must get used to restructuring your thoughts when you write and speak to use French correctly. Try expressing the following thoughts in French. Before you begin, make a note of the sentences containing noun phrases and those that do not.

1. He's a good teacher.

_____

2. They're original artists.

_____

3. They're not conventional.

_____

4. She's an interesting woman.

_____

5. She's really tolerant.

_____

6. He's American and she's French.

_____

You may stumble with this (as you try to adjust your language patterns to accommodate French), but if you take the time to read through your writing and to be aware of the difference when you listen and read, it will eventually become quite easy.

Décrivez les personnages

Décrivez les personnages du film en suivant le modèle suggéré. Choisissez des noms et des adjectifs dans le tableau ci-dessous. Faites alterner **c'est** et **il/elle est.** Faites attention à la position et à l'accord des adjectifs.

Exemple: Weber

> *C'est un jeune cadre qui aime la discipline et les gens ponctuels. Il est efficace et dévoué.*

Personnages	Ce qu'ils aiment/n'aiment pas	Adjectifs
actrice (f.)	actrice (f.)	ancien(ne)
artiste (m.)	animal (m.)	beau (belle)
cadre (m.) *(executive)*	artiste (m.)	bon(ne)
chauffeur (m.)	chien (m.)	classique
chef d'entreprise (m.)	conversation (f.)	confiant(e)
employé (m.)	corruption (f.)	conformiste
femme (f.)	décoration (f.)	conventionnel(le)
garde du corps (m.)	discipline (f.)	cultivé(e)
homme (m.)	femme (f.)	déprimé(e)
patron (m.)	feuilleton (m.)	dévoué(e)
policier (m.)	flûte (f.)	discret(-ète)
serveuse (f.)	gens (m. pl.)	efficace
	homme (m.)	fleuri(e)
	livre (m.)	franc(he)
	musique (f.)	gentil(le)
	personne (f.)	grand(e)
	pièce (f.)	hypocrite
	serveuse (f.)	ignorant(e)
	théâtre (m.)	intellectuel(le)
	tissu (m.)	jeune
		long(ue)
		(mal)honnête
		mauvais(e)
		naïf(-ïve)
		nouveau (nouvelle)
		opportuniste
		petit(e)
		ponctuel(le)
		pur(e)
		râleur(-euse)
		réaliste
		rigide
		seul(e)
		(in)tolérant(e)
		touchant(e)
		vieux (vieille)

1. Monsieur Castella

_____

_____

2. Clara

_____

_____

3. Moreno

_____

_____

4. Manie

_____

_____

5. Deschamps

_____

_____

6. Madame Castella

_____

_____

7. Antoine

_____

_____

Comparez les personnages

Comparez les personnages indiqués en vous inspirant des adjectifs proposés. N'oubliez pas d'accorder l'adjectif avec le nom qu'il décrit.

bon(ne)	efficace	intellectuel(le)	opportuniste
conformiste	grossier(-ère)	intolérant(e)	optimiste
critique	honnête	méfiant(e)	réaliste
cynique	inculte	naïf(-ïve)	tolérant(e)

Exemple: Clara et Castella

Clara est plus intellectuelle/moins tolérante/aussi honnête que Castella.

1. Deschamps et Moreno

_____

2. Moreno et Manie

_____

3. Weber et Castella

_____

4. Angélique et Deschamps

_____

5. Manie et Clara

_____

6. Antoine et Clara

_____

B. Imaginez des situations

Des déclarations d'amour

Imaginez les déclarations que Castella et Moreno pourraient écrire à Clara et à Manie, respectivement. Formez des groupes nominaux pour compléter leurs déclarations. Pour chaque blanc, vous devez inclure au moins un déterminant, un nom et un adjectif.

> Castella uses **vous** when speaking to Clara, whereas Moreno uses **tu** for Manie. This will affect the possessive adjectives you need to use.

LA DÉCLARATION DE CASTELLA

J'aime _____*vos grands yeux marron*_____ (1) et _____ (2). Pour moi,

vous êtes _____ (3, superlatif). _____ (4)

me fait penser à _____ (5). Si vous m'aimez, je vous promets

_____ (6).

LA DÉCLARATION DE MORENO

J'aime _____ (7) et _____ (8). Pour moi,

tu es _____ (9, superlatif). _____ (10) me

font oublier _____ (11). Si tu m'aimes, je te promets

_____ (12).

PRÉPARATION À LA LECTURE

A. Les renseignements culturels. Molière

Dans ce chapitre, vous allez lire un extrait d'une pièce de Molière, _Le Bourgeois gentilhomme_. C'est un dramaturge que Monsieur Castella aime bien. Renseignez-vous sur lui pour mieux comprendre la lecture du chapitre et les goûts de Monsieur Castella. Après avoir découvert la vie et les œuvres de Molière à **http://www.thomsonedu.com/french/sequences,** indiquez si les affirmations suivantes sont vraies (V) ou fausses (F). Si l'affirmation est fausse, dites brièvement pourquoi.

___ **1.** Molière était acteur, metteur en scène et directeur de troupe _(theater company director)_ aussi bien qu'écrivain.

_____

___ **2.** Il a fait des études secondaires.

_____

___ **3.** Son père était noble.

_____

___ **4.** Ses pièces n'étaient pas populaires de son vivant.

_____

___ **5.** Des dévots (des personnes très religieuses) ont protesté contre certaines de ses pièces.

_____

___ **6.** Molière a joué plusieurs de ses pièces devant le roi Louis XIV, qui admirait son travail.

_____

___ **7.** Molière n'a jamais connu Jean Racine.

_____

___ **8.** Molière a écrit *Le Bourgeois gentilhomme* au début de sa carrière.

_____

___ **9.** En tant qu'écrivain, il s'intéressait surtout à l'hypocrisie et au manque d'honnêteté dans les relations humaines.

_____

___ **10.** L'œuvre de Molière a beaucoup influencé la culture française.

_____

B. Le vocabulaire de la lecture

En d'autres mots

Some uses of *que*

- as an interrogative pronoun
  Que faites-vous ici?   *What are you doing here?*

- as a relative pronoun, sometimes preceded by **ce**
  Je ne comprends pas **ce que** vous dites.   *I don't understand what you say.*

- in exclamations
  Qu'il fait beau aujourd'hui!   *How beautiful the weather is today!*

- in the negation **ne... que**
  Je **ne** parle **que** français.   *I only speak French.*

- as an interrogative adverb in rhetorical questions, with the same meaning as **pourquoi** (this is an old usage)
  Que n'êtes-vous venu plus tôt!   *Why didn't you come earlier?/It's too bad that you did not come earlier.*

Reliez les phrases du texte à leur traduction.

___ 1. "… [Pour] vous moquer de lui, vous ne sauriez lui dire que U."

___ 2. "Ah que cela est beau!"

___ 3. "Vive la science!"

___ 4. "Ah que n'ai-je étudié plus tôt, pour savoir tout cela."

___ 5. "Il n'y a rien de plus véritable, U."

___ 6. "Je ne veux que ce que je vous ai dit."

a. I only want what I told you.

b. How beautiful that is!

c. Oh why didn't I study sooner that I might know all of this.

d. To make fun of him, you can only say U.

e. Long live science!

f. There is nothing more true, U.

Les mots dans leur contexte

Lisez les phrases pour saisir le contexte, puis répondez aux questions et traduisez les mots soulignés.

Exemple: La voix, A, se forme en ouvrant fort la bouche, A.

by opening the mouth big

> The form *verb stem* + *-ant* is called a **participe présent**. It is introduced by **en** and translated as *by +verb-ing* in this exercise.

Vocabulaire utile

la bouche: *mouth*   les lèvres: *lips*
les dents: *teeth*   la mâchoire: *jaw*
la langue: *tongue*

---

1. La voix, E, se forme en rapprochant la mâchoire d'en bas de celle d'en haut, A, E.
   a. **Proche** se traduit par *close*. Quelle est la traduction de **rapprocher**?

   _____

   b. Traduisez la partie soulignée:

   _____

   _____

2. Et la voix, I, en rapprochant encore davantage les mâchoires l'une de l'autre, et [en] écartant les deux coins de la bouche vers les oreilles, A, E, I.

   Traduisez la partie soulignée:

   _____

   _____

3. La voix, O, se forme en rouvrant les mâchoires, et [en] rapprochant les lèvres par les deux coins, le haut et le bas, O.
   a. **Ouvrir** se traduit par *to open*. Quelle est la traduction de **rouvrir**?

   _____

b. Traduisez la partie soulignée:

_____

_____

4. La voix, U, se forme <u>en rapprochant les dents sans les joindre entièrement, et [en]</u> <u>allongeant les deux lèvres en dehors, [en] les approchant aussi l'une de l'autre sans</u> <u>les rejoindre tout à fait</u>, U.

a. L'adjectif **long** se traduit de la même manière en anglais. Quelle est la traduction d'**allonger**?

_____

b. Traduisez la partie soulignée:

_____

_____

C. Imaginez des situations

Le texte que vous allez lire parle d'un "bourgeois gentilhomme," c'est-à-dire d'un membre de la classe moyenne (un bourgeois) qui voudrait être aristocrate (gentil-homme). Imaginez ce qu'il va faire pour essayer de ressembler à un aristocrate. La section **Le vocabulaire de la lecture** vous donne une idée de sa transformation. Imaginez trois autres changements.

Exemple: Il va améliorer sa diction et sa prononciation.

1. _____

2. _____

3. _____

D. La lecture

Parcourez les extraits de la pièce *Le Bourgeois gentilhomme* dans le manuel de classe.

Système-D 4.0

PRÉPARATION À L'ÉCRITURE

Dans ce chapitre vous allez écrire une scène qui pourrait faire partie d'une pièce de théâtre.

A. Choisissez un sujet

Voici quelques idées de scènes possibles. Choisissez-en une ou inventez votre propre scène.

1. Un couple regarde un tableau abstrait dans un musée. Ils ont des réactions bien différentes.

2. Une serveuse peu conformiste donne des conseils romantiques à un homme conservateur.

3. Deux amoureux essaient de décorer le salon de leur appartement, mais ils ont des goûts bien différents.

4. Un(e) étudiant(e) va voir son professeur pour demander une explication grammaticale.

5. Un homme fait une déclaration d'amour à une femme qu'il ne connaît pas très bien.

B. Réfléchissez au contenu

Répondez aux questions suivantes sous forme de notes.

1. La description de la scène

   a. Où est-ce que l'action se passe?

   _____

   _____

   _____

   b. Donnez des détails sur la décoration pour que votre lecteur comprenne bien la fonction du lieu et le goût des personnes qui le fréquentent.

   _____

   _____

   _____

2. La description des personnages

   a. Comment s'appellent-ils?

   _____

   _____

   _____

   b. Comment sont-ils physiquement?

   _____

   _____

   _____

   c. Comment sont-ils habillés? Comment parlent-ils? Qu'est-ce que cela révèle sur leurs goûts et leurs personnalités?

_____

_____

_____

3. Le dialogue entre les personnages: Que veulent-ils et que se disent-ils?

_____

_____

_____

C. Réfléchissez à la langue

1. Est-ce que vos personnages vont se dire **tu** ou **vous**? Faites attention à choisir les adjectifs possessifs qui correspondent (**ton, ta, tes** ou **votre/vos**).

_____

_____

_____

2. Retournez au vocabulaire et à la grammaire du chapitre et notez les mots et expressions que vous pouvez incorporer dans votre texte.

_____

_____

_____

D. Organisez votre rédaction

1. Rédigez une introduction pour situer la scène et décrire le décor.

2. Écrivez le dialogue.

3. Ajoutez des indications scéniques *(stage directions)* pour décrire les mouvements et le ton de voix des personnages.

E. Perfectionnez votre travail

1. Demandez à un(e) camarade de classe de lire votre rédaction et de vous faire des commentaires sur les idées, l'organisation et la langue.

2. Lisez votre travail à voix haute. Vous vous rendrez compte plus facilement des problèmes d'organisation, des incohérences, des répétitions et des fautes d'inattention.

3. Faites attention aux points suivants:

  a. Les déterminants, les noms et les adjectifs

- Le genre des noms (masculin ou féminin) est-il correct?
- Le nombre (singulier ou pluriel) est-il correct?
- Le déterminant (article défini, indéfini, partitif, etc.) est-il approprié?
- La position des adjectifs (avant ou après le nom) et leur accord sont-ils corrects?

b. **Tu** ou **vous**?
- Utilisez-vous le pronom correct de façon consistante dans toute la rédaction?
- Est-ce que vos adjectifs possessifs (**ton, ta, tes, votre, vos**) s'accordent avec le pronom que vous avez choisi?

c. Les verbes
- Sont-ils au bon temps (présent, imparfait, passé composé, etc.)?
- Leur structure est-elle correcte? (par exemple, faut-il une préposition?)
- La conjugaison est-elle correcte?
- S'accordent-ils avec le sujet?
- Si vous utilisez le passé composé ou le plus-que-parfait, l'accord du participe passé est-il correct?

d. L'orthographe *(Spelling)*
- Vérifiez l'orthographe et n'oubliez pas les accents.

e. Le ton et le style
- Assurez-vous que le ton est approprié pour votre sujet et pour votre lecteur.
- Évitez les répétitions: Utilisez des pronoms pour remplacer les noms; variez les structures et le vocabulaire.
- Évitez les phrases trop simples: Utilisez des propositions relatives, par exemple.
- Utilisez des mots de transition (**d'abord, puis, ensuite, aussi, c'est pourquoi, [mal]heureusement,** etc.).

Chapitre 4

LA VIE PROFESSIONNELLE: *Le Placard (2000)*

Heinle iRadio
www.thomsonedu.com/french.
• relative and demonstrative pronouns

LES MOTS POUR LE DIRE

A. Votre dictionnaire personnel

Trouvez le vocabulaire de votre liste qui correspond aux catégories suivantes.

1. les qualités et comportements positifs

_____

_____

_____

_____

2. les qualités et comportements négatifs

_____

_____

_____

_____

3. le monde du travail

_____

_____

_____

_____

4. le sport

_____

_____

_____

_____

5. les vêtements

_____

_____

_____

_____

B. Synonymes et antonymes

Le synonyme le plus proche

Référez-vous à la liste principale de vocabulaire et à la liste de vocabulaire familier dans votre manuel pour trouver le synonyme le plus proche.

___ **1.** costaud	**a.** énergique
___ **2.** dynamique	**b.** discret
___ **3.** réservé	**c.** moche (fam.)
___ **4.** gentil	**d.** fort
___ **5.** lamentable	**e.** agréable
___ **6.** laid	**f.** minable (fam.)

L'antonyme le plus proche

Référez-vous à la liste principale de vocabulaire dans votre manuel pour trouver l'antonyme le plus proche.

___ **1.** à l'aise	**a.** doux
___ **2.** effacé	**b.** fort
___ **3.** faible	**c.** expansif
___ **4.** plein de vie	**d.** déprimé
___ **5.** brutal	**e.** gauche
___ **6.** paresseux	**f.** travailleur

C. Associations

Groupez les mots

Trouvez les adjectifs ou expressions qui s'associent le plus logiquement aux verbes donnés.

___ **1.** agresser	**a.** à l'aise
___ **2.** sympathiser	**b.** gauche
___ **3.** renverser	**c.** brutal
___ **4.** plaisanter	**d.** anonyme
___ **5.** passer inaperçu	**e.** marrant (fam.)

D. Donnez votre opinion

Un collègue au travail a une opinion négative des gens et vous n'êtes pas d'accord avec lui. Référez-vous à la liste principale de vocabulaire et à la liste de vocabulaire familier dans le manuel de classe pour suggérer une description plus positive des personnes dont *(about whom)* il parle.

Exemple: —Notre directeur est un homme insignifiant.

—Moi, je pense qu'il est *discret*.

1. —Cette secrétaire est vraiment lamentable.

   —Vous êtes trop dur; je la trouve _____.

2. —Ce gros macho a besoin d'évoluer.

   —C'est vrai qu'il est un peu _____ mais il est aussi _____.

3. —Je n'ai jamais pu supporter les femmes effacées comme cette nouvelle comptable.

   —Mais elle n'est pas du tout effacée. Elle est simplement _____.

4. —Qu'est-ce qu'il peut être gauche, ce nouveau chef!

   —Pourquoi dites-vous cela? Je pense qu'il est _____.

5. —Nos collègues sont tous des minables.

   —Vous êtes sévère. Disons plutôt qu'ils sont _____ et _____.

E. Dictée

Écoutez le passage et remplissez les blancs.

Track 16

François Pignon et Félix Santini travaillaient dans _____ (1) qui

fabriquait _____ (2). François était _____ (3)

effacé et travailleur que ses collègues trouvaient assez _____ (4).

Félix était _____ (5) de l'équipe de rugby. C'était un homme

dynamique et expansif. Il faisait souvent _____ (6) pendant les

réunions, et il avait beaucoup de _____ (7). Des collègues

qu'il avait insultés voulaient _____ (8) de lui. Quand

François est sorti du placard, ils _____ (9) à Félix de

_____ (10) avec François pour changer d'image. Félix

s'est ridiculisé, mais cette expérience a changé _____ (11) et

l'a rendu _____ (12).

Parlons de Grammaire

What do you know about relative pronouns?

As you get ready to learn or review language patterns in class, it's always good to ask yourself what you already know, or think you know, about the grammar you're about to study. If you take the time to consider this, you'll know what to listen for in class and what questions, if any, to ask. With that in mind, let's consider the following examples of relative pronouns:

C'est un film **qui** me plaît énormément.

C'est un film **que** j'aime énormément.

Can you explain why **qui** is used in the first example and **que** in the second? Since both sentences mean about the same thing, the difference must have something to do with sentence structure. How is the structure of the first sentence different from the structure of the second?

If you understand the difference between the first two sentences, you're well on your way to understanding relative pronouns. Have a look at the following examples and see what you can explain and what still seems puzzling. Jot down your questions and observations and bring them with you to class.

Savez-vous **ce que** j'aime dans ce film?

Savez-vous **ce qui** me plaît dans ce film?

J'adore la scène **où** Santini attaque François.

AVANT LE PROCHAIN COURS

Le Placard: Visionnez le film.

PRÉPARATION À LA DISCUSSION

A. Prononcez bien

La prononciation des pronoms relatifs

Practicing the pronunciation of relative pronouns will help you master their use in both spoken and written French. As you listen to the following exercises, pay close attention to the following distinctions:

Que, like **je, ne, me,** etc. ends in an unaccented **e.** It is part of the small group of words that elides with a following vowel.

J'aime la cravate que tu portes.

J'aime la cravate qu'il porte.

To pronounce **que** your lips should be slightly rounded. The sound is much less tense than other French vowels.

Qui ends in the short tense vowel you find at the end of the words **ami** and **parti**. To pronounce it properly, your lips should be spread and your mouth fairly closed.

The **ce** in **ce qui** and **ce que** often reduces to the sound **s** in spoken French making these pronouns sound very similar to **ski** and **skə.**

Avant de faire les activités de cette section, étudiez *La proposition relative, Les pronoms relatifs (Le choix du pronom relatif; Les pronoms relatifs sujets:* **qui, ce qui**; *Les pronoms relatifs objets directs:* **que, ce que**) et *Les pronoms démonstratifs* et faites les exercices des sections **Application immédiate** 1 à 5 et 8.

Écoutez et répétez

Repeat the sentences you hear, and pay attention to the pronunciation of relative pronouns. Then refer to the audio script and listen and repeat again.

Track 18

Écoutez et encerclez

Listen to the sentences and circle the relative pronoun that you hear.

1. que	qui	ce que	ce qui
2. que	qui	ce que	ce qui
3. que	qui	ce que	ce qui
4. que	qui	ce que	ce qui
5. que	qui	ce que	ce qui
6. que	qui	ce que	ce qui
7. que	qui	ce que	ce qui
8. que	qui	ce que	ce qui
9. que	qui	ce que	ce qui
10. que	qui	ce que	ce qui

Track 19

B. La grammaire et le film

Les personnages

IDENTIFIEZ LES PERSONNAGES

Associez les personnages à la description appropriée.

___ **1.** Mademoiselle Bertrand

___ **2.** Monsieur Kopel, le chef d'entreprise

___ **3.** Félix Santini

___ **4.** Frank

___ **5.** Madame Santini

___ **6.** les deux costauds de l'usine

___ **7.** Guillaume et ses amis

a. C'est celui qui voit son père à la télévision.

b. C'est celui qui entraîne l'équipe de rugby.

c. C'est celui qui demande à François de participer au défilé de la Gay Pride.

d. C'est celle qui accuse son mari d'infidélité.

e. Ce sont ceux qui agressent François dans son garage.

f. C'est celle qui essaie d'enlever la chemise de François.

g. Ce sont ceux qui font une farce à Félix.

DÉCRIVEZ LES PERSONNAGES

Regardez encore la liste des personnages dans **Identifiez les personnages** et formulez d'autres descriptions possibles.

Use the examples in **Identifiez les personnages** to help you self-correct the form of your sentences.

1. Mademoiselle Bertrand

　C'est celle qui _____

2. Monsieur Kopel, le chef d'entreprise

_____

3. Félix Santini

_____

4. Frank

_____

5. Madame Santini

_____

6. les deux costauds de l'usine

_____

7. Guillaume et ses amis

_____

Formulez deux descriptions pour François Pignon et Jean-Pierre Belone.

8. François

a. _____

b. _____

9. Jean-Pierre Belone

a. _____

b. _____

Félix Santini

Complétez les phrases suivantes avec le pronom relatif qui convient: **qui, que, ce qui, ce que, où.** Pour choisir le bon pronom, faites attention à la structure du verbe de la proposition relative.

Remember: The word **que** becomes **qu'** before a vowel or an **h**, but **qui** never changes.

Ask yourself about the structure of the sentence before writing your answer. To distinguish between **qui/que** and **ce qui/ce que**, check whether there is a noun (an antecedent) before the blank. To decide between **qui/ce qui** and **que/ce que**, check whether the verb that follows the blank has a subject or not.

1. Félix Santini est un homme macho _____ aime beaucoup le rugby.

2. Pour faire une plaisanterie, Guillaume et son collègue lui conseillent de modifier

_____ il dit au travail.

3. Pour ne pas être licencié, Santini fait semblant d'être un homme _____ apprécie les

homosexuels.

4. Il invite François à un restaurant _____ il essaie de devenir son ami.

5. Il lui offre un pull rose _____ il a acheté dans une boutique chère.

6. Santini va chez François pour lui apporter des chocolats. Sa femme le suit pour savoir

_____ il fait.

7. Madame Santini ne comprend pas _____ a changé les habitudes de son mari.

8. Santini comprend finalement qu'il n'aime plus l'homme brutal _____ il a

toujours été.

C. L'intrigue

Indiquez à quel moment du film on trouve les répliques suivantes, en précisant les personnages qui les disent et la scène dont il s'agit.

> *Exemple*: "Vous n'êtes pas un petit bonhomme grisâtre; vous êtes quelqu'un de bien."
>
> *Mademoiselle Bertrand parle à François vers la fin du film, juste après la fête
> en l'honneur de Santini.*

For each quote from the film,
ask yourself the following
questions: Who is speaking to
whom? When did this occur?
What was the context?

Situation	Qui parle?	Quand? Au début? Au milieu? À la fin?	Quel est le contexte?
1. "Donnez-moi quelque chose de bien lourd, bien riche. Madame ne dînera pas ici, je mangerai seul."			
2. "Je ne m'inquiète pas. Je sais que tu vas t'en sortir *(to recover)*."			
3. "Il est trop rose ce pull—s'il te plaît, change-le."			
4. "Ne faites pas ça, vous allez bousiller *(to mess up)* ma voiture."			
5. "S'il y a un homme qui doit être sur ce char *(float, in a parade)*, c'est bien vous, non?"			
6. "C'est vraiment dégueulasse *(disgusting)*, ce que vous avez fait à Mademoiselle Bertrand."			
7. "Je vais retrouver votre chat, Monsieur Belone, même si je dois explorer moi-même toutes les gouttières du quartier *(neighborhood gutters)*."			

Avant de faire les exercices
de cette section, étudiez *Les
pronoms relatifs (Les
pronoms relatifs objets d'une
préposition [à l'exception de
de]*) et *Les pronoms relatifs
objets de la préposition **de***)
et faites les exercices des
sections **Application
immédiate 6** et **7**.

POUR ALLER PLUS LOIN

A. La grammaire et le film

Quelle est la traduction?

Trouvez la bonne traduction des phrases suivantes.

____ 1. The day he loses his job, Francois finds no one he wants to talk to.
   a. Le jour où il est licencié, François ne trouve personne dont il souhaite parler.
   b. Le jour où il est licencié, François ne trouve personne à qui il souhaite parler.
   c. Le jour où il est licencié, François ne trouve personne de qui il souhaite parler.

____ 2. The woman François is in love with is an accountant.
   a. La femme avec qui François est amoureux est comptable.
   b. La femme qui est amoureuse de François est comptable.
   c. La femme dont François est amoureux est comptable.

____ 3. Jean-Pierre Belone has not forgotten the reason why he was fired.
   a. Jean-Pierre Belone n'a pas oublié la raison pourquoi on l'a licencié.
   b. Jean-Pierre Belone n'a pas oublié la raison pour laquelle on l'a licencié.
   c. Jean-Pierre Belone n'a pas oublié la raison qu'on l'a licencié.

Don't guess when answering
these questions, some of
which you may find difficult.
Think analytically as much as
you can. For example, for #1,
ask yourself: What should
appear in the following blank?
**Il souhaite parler ___ une
personne.** In this case French
is just like English, *to speak to
a person.*

Be careful with the expression *to be in love with*. In
French, it is expressed as **être
amoureux (-euse) de.**

Pause before answering #3
to review the grammar
explanations in your
textbook.

_____ **4.** François is an employee whose qualities go unnoticed.
   a. François est un employé dont les qualités passent inaperçues.
   b. François est un employé duquel les qualités passent inaperçues.
   c. François est un employé de qui les qualités passent inaperçues.

_____ **5.** Santini is someone with whom François does not get along.
   a. Santini est quelqu'un qui ne s'entend pas avec François.
   b. Santini est quelqu'un avec lequel François ne s'entend pas.
   c. Santini est quelqu'un avec qui François ne s'entend pas.

Two choices mean almost the same thing for #5, but one is grammatically identical to the English sentence. Which one is it?

_____ **6.** Frank does not like what his father is talking about.
   a. Frank n'aime pas ce dont son père parle.
   b. Frank n'aime pas ce de quoi son père parle.
   c. Frank n'aime pas dont son père parle.

Jean-Pierre et François

Complétez les phrases suivantes avec les pronoms appropriés: **qui, que, où, ce qui, ce que, ce dont, ce à quoi,** ou une forme de **lequel.**

> **Vocabulaire utile**
>
> **à côté de:** *next to*
> **avoir besoin de:** *to need*
> **être confronté à:** *to face*
> **parler à:** *to speak to*

Be attentive to the French prepositions in the **Vocabulaire utile** for this exercise. If you think in English rather than focusing on the French structures, you will choose the wrong answers.

1. Jean-Pierre Belone est un homme _____ François rencontre à un moment difficile de sa vie.

2. C'est le nouvel habitant de l'appartement à côté _____ il habite.

3. François lui raconte les difficultés _____ il est confronté.

4. Jean-Pierre lui conseille de faire circuler une photo sur _____ il a l'air homosexuel.

5. François n'aime pas beaucoup _____ son nouvel ami propose, mais Jean-Pierre est certain qu'une nouvelle réputation est exactement _____ François a besoin.

Parlons de Grammaire

More on relative pronouns.

As you do the following exercises, it's important to keep in mind that relative pronouns, like all pronouns, help us avoid repetition by standing in for what can be understood from the context of a conversation or text.

The CEO says to Mademoiselle Bertrand: "**Je connais plusieurs hommes₁ dans l'entreprise *qui* seraient ravis d'être agressés par vous₁₂.**"

He's combined two related ideas in one sentence.

Je connais plusieurs hommes dans l'entreprise.

and

Ces hommes seraient ravis d'être agressés par vous.

When combining the two ideas in one sentence, there's no need to repeat the specific reference to **Ces hommes;** these men have already been mentioned in the first sentence. The CEO can therefore replace the words with a relative pronoun to avoid repetition. Since **ces hommes** are the subject of the second sentence (where they're being replaced), he chooses the subject pronoun **qui.**

In other words,

Je connais plusieurs hommes dans l'entreprise qui [qui = ces hommes] seraient ravis d'être agressés par vous.

Now try to explain what's happening in this sentence.

François va perdre un emploi qu'il aime.

1. What two sentences have been combined in this sentence?
2. What word or words from those two sentences can be replaced with a pronoun?
3. Are these words the subject, the object, or the object of a preposition of the sentence in which they can be replaced?
4. What pronoun must be used in this case?

> Remember that a pronoun means *in the place of a noun.* Which repeated noun will you remove for each item in this exercise? What is the syntax of the sentence? Look closely at any prepositions in the second sentence, since these need to remain in the structure of your new, less choppy sentence.

l'histoire de François

Combinez les deux phrases à l'aide d'un pronom relatif.

Exemple: François est <u>un comptable</u>. Personne ne s'intéresse @ <u>ce comptable</u>.

François est un comptable @ <u>qui</u> personne ne s'intéresse.

1. Il entend une conversation. Cette conversation le déprime *(depresses him).*

   _____

2. Il va perdre son travail. Il aimait beaucoup ce travail.

   _____

3. Il rencontre son nouveau voisin. Il explique son problème à son nouveau voisin.

   _____

> Proceed in stages:
> 1. Underline the repeated nouns and their determinants (un/ce comptable).
> 2. Circle prepositions from the second sentence that need to be factored in (à), if relevant.
> 3. Replace the repeated noun of the second sentence with the correct relative pronoun (qui).
> 4. Position the pronoun (and preposition, if relevant) after the noun of the first sentence (its antecedent): **un comptable à qui personne.**

4. Son voisin lui propose une solution. François a un peu peur de cette solution.

_____

5. Il retourne au bureau. L'atmosphère a beaucoup changé au bureau.

_____

6. Santini lui apporte un sac. Il y a un pull rose dans ce sac.

_____

7. Mademoiselle Bertrand pose des questions. François ne sait pas comment répondre à ces questions.

_____

8. Il retrouve son fils. Il avait perdu contact avec son fils.

_____

9. À la fin du film, François est un homme heureux. Il [François] a beaucoup changé.

_____

B. Imaginez des situations

La version d'Hollywood

Hollywood a décidé de faire une version du film *Le Placard* en anglais avec des acteurs américains. Choisissez le meilleur acteur pour chaque rôle et soutenez *(support)* votre choix. Écrivez trois phrases contenant trois pronoms relatifs différents.

Exemple: **François Pignon**

Hank Azaria; George Clooney; Edward Norton; Michael Douglas

*À mon avis Hank Azaria est le meilleur acteur pour jouer Pignon. C'est quelqu'un **qui** plaît beaucoup aux spectateurs américains. C'est le genre d'acteur **dont** le film a besoin. **Ce que** j'aime chez lui, c'est sa sensibilité et son visage émouvant.*

1. Félix Santini

   Benicio Del Torro; Ving Rhames; Bruce Willis; John Travolta

   À mon avis, _____

   _____

   _____

2. Jean-Pierre Belone

   Robert De Niro; Al Pacino; Jack Nicholson; Mel Gibson

   À mon avis, _____

   _____

   _____

3. Mademoiselle Bertrand

Scarlet Johansson; Nicole Kidman; Halle Berry; Lucy Liu

À mon avis, _____

_____

_____

PRÉPARATION À LA LECTURE

A. Les renseignements culturels. Le harcèlement sexuel

Le texte que vous allez lire est extrait du livre *Les Chroniques de l'ingénieur Norton: Confidences d'un Américain à Paris* (1997), par Christine Kerdellant. Il raconte les aventures et observations d'un ingénieur américain dans une entreprise française. L'ingénieur, Robert Norton, s'intéresse en particulier à la notion de harcèlement sexuel, et il compare les attitudes françaises et américaines dans ce domaine. Pour vous préparer à lire le texte, renseignez-vous sur le harcèlement sexuel à **http://www.thomsonedu.com/french/sequences**, puis répondez aux questions ci-dessous.

1. Comment définit-on le harcèlement sexuel en France?

_____

_____

_____

2. Quels comportements peut-on qualifier de *(qualify as)* harcèlement sexuel?

_____

_____

_____

3. Comment sanctionne-t-on (sanctionner = punir) les personnes responsables d'un acte de harcèlement sexuel?

_____

_____

_____

4. Pourquoi est-il difficile de prouver une accusation de harcèlement sexuel?

_____

_____

_____

B. Le vocabulaire de la lecture

Les mots apparentés

Grâce au vocabulaire que vous connaissez déjà, devinez le sens des mots de la troisième colonne.

	Mot connu	Traduction anglaise	Mot apparenté	Traduction anglaise
1.	raffiner	*to refine*	une compagnie de raffinages	
2.	moins	*less*	pas la moindre idée	
3.	coiffeur(-euse)	*hairdresser*	une coiffure	
4.	document	*a document*	une documentaliste	
5.	fonctionner	*to function, to work*	le fonctionnement	
6.	texte	*a text*	textuellement	
7.	un homme d'affaires	*a business man*	ce n'est pas votre affaire	
8.	suffisant	*sufficient*	n'ont pas suffi	

C. Donnez votre opinion

On trouve les situations suivantes dans l'extrait du livre *Les Chroniques de l'ingénieur Norton: Confidences d'un Américain à Paris* que vous allez lire en classe. Considérez ces situations et donnez votre opinion.

_____ 1. Un collègue siffle *(whistles at)* une jeune employée qui passe devant lui dans le couloir.
    a. jamais acceptable
    b. acceptable dans certaines circonstances
    c. toujours acceptable

_____ 2. Un directeur dit à sa secrétaire qu'il la préfère en escarpins *(pumps)* qu'en baskets.
    a. jamais acceptable
    b. acceptable dans certaines circonstances
    c. toujours acceptable

_____ 3. En lui expliquant le fonctionnement d'un logiciel *(computer software)*, la directrice pose sa main sur l'épaule d'un employé *(a male employee's shoulder)*.
    a. jamais acceptable
    b. acceptable dans certaines circonstances
    c. toujours acceptable

_____ 4. Un(e) collègue vous montre une photo de nature sexuelle.
    a. jamais acceptable
    b. acceptable dans certaines circonstances
    c. toujours acceptable

_____ 5. Certain(e)s collègues commencent à raconter des gauloiseries *(dirty jokes)* à la cantine.
    a. jamais acceptable
    b. acceptable dans certaines circonstances
    c. toujours acceptable

_____ **6.** Le chef de section dit qu'il préfère travailler avec de belles femmes.
  a. jamais acceptable
  b. acceptable dans certaines circonstances
  c. toujours acceptable

_____ **7.** Un employé de bureau dit à sa directrice qu'il aime son chemisier.
  a. jamais acceptable
  b. acceptable dans certaines circonstances
  c. toujours acceptable

_____ **8.** Votre patron s'approche de vous et vous demande quel parfum vous portez.
  a. jamais acceptable
  b. acceptable dans certaines circonstances
  c. toujours acceptable

D. La lecture

Parcourez les extraits du livre *Les Chroniques de l'ingénieur Norton: Confidences d'un Américain à Paris* dans votre manuel.

PRÉPARATION À L'ÉCRITURE

Système-D 4.0

Dans ce chapitre, vous allez écrire une composition sur un des thèmes du film.

A. Choisissez un sujet

Sélectionnez le thème que vous trouvez le plus intéressant.

1. Si vous vous intéressez au thème de l'individu et de la société, réfléchissez à une des questions suivantes.
  a. "Sortir du placard" est une expression qu'on associe le plus souvent à l'homosexualité. Y a-t-il d'autres associations possibles? Quels autres aspects de sa personnalité cache-t-on parfois pour vivre en société ou dans certains groupes (comme à l'université)?
  b. Connaissez-vous quelqu'un de mal intégré dans un groupe (à l'université ou au travail, par exemple)? Décrivez les caractéristiques de cette personne qui expliquent sa mauvaise intégration. Comment se sent cette personne, à votre avis? Comment cette personne est-elle traitée par les autres? Comment pourrait-elle mieux s'intégrer?
  c. Avez-vous déjà changé d'opinion sur une personne? Comment est-ce que vous perceviez *(used to view)* cette personne avant de changer d'opinion? Pourquoi est-ce que votre impression est différente maintenant?
  d. Le monde du travail: Vous avez probablement occupé un poste (à temps partiel, au moins) dans une entreprise. Qu'est-ce que vous avez remarqué sur les relations de travail, la hiérarchie, etc.? Quelles difficultés peut-on rencontrer dans le travail?
  e. Les effets d'un licenciement: Connaissez-vous quelqu'un qui a perdu son travail? Décrivez dans quelles circonstances cette personne a perdu son travail et expliquez quel effet le licenciement a eu sur elle et sur ses proches—famille, amis, etc.

2. Si le thème de la discrimination vous intéresse, considérez une des questions suivantes.
  a. Expliquez à un(e) Français(e) comment on sensibilise les étudiants de votre université aux problèmes de harcèlement sexuel. Est-il nécessaire de lutter contre ce problème à l'université? Croyez-vous qu'on en parle trop, suffisamment ou pas assez?

b. Avez-vous remarqué des cas de discrimination (sexuelle, raciale, contre les handi-
capés, discrimination liée à l'âge, etc.) autour de vous? Décrivez un incident et
ses conséquences.

B. Réfléchissez au contenu

Après avoir choisi votre thème, notez quelques idées en réponse aux suggestions et questions concernant votre sujet dans la section A. Notez-les ici sans trop faire attention à l'organisation ou à la forme de vos phrases.

_____

_____

_____

_____

_____

C. Réfléchissez à la langue

1. Faites du "remue-méninges" *(brainstorming)*. Relisez le vocabulaire de **Votre dictionnaire personnel** et notez les mots et expressions qui pourront vous aider à
exprimer vos pensées.

_____

_____

_____

2. Si vous avez besoin de vocabulaire supplémentaire, cherchez-en dans un dictionnaire
et notez-le ici avant de vous mettre à écrire.

_____

_____

_____

3. Faites attention aux temps et aux structures que vous allez utiliser.
- Pour les sujets 1a, 1b et 2a, qui décrivent des situations générales, vous écrirez au
présent.
- Pour les autres sujets, vous devrez écrire au passé. Faites attention à bien utiliser
le passé composé, l'imparfait et le plus-que-parfait. Référez-vous aux explications
du manuel (pages 245–260) pour réviser l'utilisation de ces temps.
- Faites un effort conscient pour utiliser des pronoms relatifs. Notez les pronoms
ici pour penser à les intégrer.

_____

_____

_____

D. Organisez votre rédaction

Quelle serait la meilleure façon d'organiser vos idées? Notez ici votre plan de travail.

Introduction

_____

_____

Premier paragraphe
Idée principale: _____

_____

_____

Deuxième paragraphe
Idée principale: _____

_____

_____

Troisième paragraphe
Idée principale: _____

_____

_____

Conclusion

_____

_____

E. Perfectionnez votre travail

1. Demandez à un(e) camarade de classe de lire votre rédaction et de vous faire des commentaires sur les idées, l'organisation et la langue.

2. Lisez votre travail à voix haute. Vous vous rendrez compte *(will notice)* plus facilement des problèmes d'organisation, des incohérences, des répétitions et des fautes d'inattention.

3. Faites attention aux points suivants:
   a. Les noms et les adjectifs
      - Le genre (masculin ou féminin) est-il correct?
      - Le nombre (singulier ou pluriel) est-il correct?
      - Le déterminant (article défini, indéfini, partitif, etc.) est-il approprié?
      - La position des adjectifs est-elle correcte (avant ou après le nom)?
   b. Les verbes
      - Sont-ils au bon temps (présent, imparfait, passé composé, etc.)?
      - Leur structure est-elle correcte? (par exemple, faut-il une préposition?)
      - La conjugaison est-elle correcte?
      - S'accordent-ils avec le sujet?
      - Au passé, l'accord du participe passé est-il correct?
   c. L'orthographe
      - Vérifiez l'orthographe et n'oubliez pas les accents.

d. Le ton et le style
- Assurez-vous que le ton est approprié pour votre sujet et pour votre lecteur.
- Évitez les répétitions: Utilisez des synonymes et des pronoms pour remplacer les noms.
- Évitez les phrases trop simples: Utilisez des propositions relatives et des pronoms relatifs différents.
- Utilisez des mots de transition (**d'abord, puis, ensuite, aussi, c'est pourquoi, [mal]heureusement, ainsi/de cette façon,** etc.).

Chapitre 5

POLITIQUE ET VIE PERSONNELLE: *Indochine (1992)*

Heinle iRadio

• object pronouns

LES MOTS POUR LE DIRE

A. Votre dictionnaire personnel

Trouvez le vocabulaire de votre liste qui correspond aux catégories suivantes.

1. la politique

_____

_____

_____

_____

2. la colonisation

_____

_____

_____

_____

3. les relations parents-enfants

_____

_____

_____

_____

4. l'amour

_____

_____

_____

_____

B. Synonymes et antonymes

Le synonyme le plus proche

Éliminez le mot qui ne va pas avec les autres pour garder les synonymes les plus proches.

1. gentil	compatissant	amical	étouffant
2. inflexible	lâche	autoritaire	dominateur
3. se disputer	s'entendre	rompre	se détacher
4. renvoyer	exploiter	sauver	battre
5. défier	se rebeller	se soumettre	se révolter
6. fuir	déserter	disparaître	muter
7. quitter	retrouver	s'éloigner	s'échapper

L'antonyme le plus proche

Trouvez le contraire.

___ **1.** rebelle	**a.** la misère
___ **2.** courageux	**b.** fuir
___ **3.** une liaison durable	**c.** se révolter
___ **4.** un accord	**d.** lâche
___ **5.** la richesse	**e.** la rupture
___ **6.** la réconciliation	**f.** s'entendre
___ **7.** obéir	**g.** un désaccord
___ **8.** rester	**h.** retrouver
___ **9.** quitter	**i.** une aventure de passage
___**10.** se disputer	**j.** docile

C. Donnez votre opinion

Les relations humaines

Soulignez la situation qui vous semble préférable.

1. une mère étouffante	une mère indulgente
2. une mère possessive	une mère froide
3. un officier lâche	un officier inflexible
4. un mari compatissant/une femme compatissante	un mari aisé/une femme aisée
5. une liaison amoureuse passionnelle	une liaison amoureuse amicale

D. Dictée

Après avoir révisé votre **Liste de vocabulaire,** écoutez le passage pour remplir les blancs.

Track 21

Camille

Je suis née princesse d'Annam mais très vite après j'étais _____ (1).

Ma mère adoptive était une Française _____ (2) de la haute

société _____ (3) qui s'appelait Éliane. Grâce à elle, j'ai

grandi dans un monde de luxe et de tranquillité sur _____ (4)

d'hévéas. Éliane et moi _____ (5)—je l'aimais et je

_____ (6). Je me croyais heureuse mais je ne connaissais rien

de la vie. Éliane voulait _____ (7)

des réalités politiques et sociales de mon pays, mais cette protection est devenue

_____ (8) et j'ai dû _____ (9).

_____ (10) ma mère et mon passé et j'ai retrouvé mon pays.

J'ai vu _____ (11) de mon peuple qui mourait de faim. J'ai

vu _____ (12) et _____ (13). J'ai

recherché l'amour d'un homme mais j'ai trouvé mon destin. On m'appelle maintenant

"la princesse rouge".

AVANT LE PROCHAIN COURS

1. *Indochine*: Visionnez le film.

2. *Manuel:* Étudiez *Les pronoms personnels;* **y** et **en** *(Introduction, Les pronoms compléments d'objet direct)* et faites les exercices des sections **Application immédiate 1** et **2.**

PRÉPARATION À LA DISCUSSION

A. Prononcez bien

La prononciation des pronoms (pronoms personnels, *y* et *en*)

Pronouns make communication more fluid and more efficient by replacing a longer section of discourse with a single syllable and often by a single sound. The following exercises will help you become better at hearing the pronoun within a sentence.

Avant de faire ces activités, révisez *Les pronoms compléments d'objet direct,* étudiez *Les pronoms compléments d'objet indirect; Me, te, se, nous, vous: Pronoms compléments d'objet direct ou indirect?* et *Les pronoms remplaçant un complément prépositionnel (Les pronoms disjoints; Le pronom y; Le pronom en)* et faites les exercices des sections **Application immédiate 3** à **7.**

Écoutez et répétez

1. Je suis allé.	J'y suis allé.
2. Il écrit.	Il l'écrit.
3. Il l'a mis.	Il l'y a mis.
4. J'ai peur de danser.	J'ai peur d'y danser.
5. Tu aurais parlé.	Tu lui aurais parlé.
6. J'ai voulu aider.	J'ai voulu l'aider.
7. Elle ne l'a pas dit.	Elle ne me l'a pas dit.
8. Nous ne sommes pas venus.	Nous n'y sommes pas venus.
9. Il a plu.	Il m'a plu.
10. Il n'en a pas.	Il n'y en a pas.
11. Vous avez vu.	Vous l'avez vu.
12. Ils ne veulent pas écouter.	Ils ne veulent pas l'écouter.

Écoutez et encerclez

Now you will hear one of the sentences only. Circle the one you hear in the exercise above.

B. La grammaire et le film

Qui l'a fait?

Répondez aux questions suivantes en remplaçant les mots en italique par un pronom d'objet direct ou indirect. Faites l'accord du participe passé si c'est nécessaire.

1. Qui a gagné *la course de bateaux*?

_____

2. Qui plaisait *à Camille et Éliane*?

_____

3. Qui a incendié *l'usine*?

_____

4. Qui a ordonné *aux ouvriers* de retourner au travail après l'incendie?

_____

5. Qui voulait épouser *Éliane*?

_____

6. Qui a dit *à Éliane* qu'elle n'avait pas de beauté?

_____

7. Qui a persuadé *les communistes* de protéger *Camille*?

_____

8. Qui a beaucoup manqué *à Éliane*?

_____

9. Qui a demandé *à Éliane* d'élever *Étienne*?

_____

10. Qui a raconté *l'histoire de Camille et Jean-Baptiste* à Étienne?

_____

Les objets et les actions

À l'aide du pronom **en,** liez l'objet à l'action indiquée. Utilisez l'imparfait.

> *Exemple:* des mangues (Éliane/manger souvent)
>
> *Éliane en mangeait souvent.*

1. des vêtements indochinois (Éliane/porter chez elle)

_____

2. une grande plantation (Éliane/posséder)

_____

3. de l'opium (les Indochinois/transporter au début du film)

_____

4. de l'eau (Jean-Baptiste et Camille/ne pas en avoir sur le bateau)

_____

5. des accords (la France et le Vietnam/signer à Genève)

_____

Les lieux et les actions

Liez le lieu à l'action indiquée en employant le pronom **y** et le passé composé. Faites l'accord du participe passé si c'est nécessaire.

> *Exemple:* le marché aux esclaves (Camille/tuer un officier)
>
> *Camille y a tué un officier.*

1. le bagne (Camille/passer 5 ans)

_____

2. le cabaret (Éliane et Yvette/se revoir)

_____

3. Genève (Éliane/emmener Étienne)

_____

4. Saïgon (Jean-Baptiste/mourir)

_____

5. la vente aux enchères (Éliane et Jean-Baptiste/se rencontrer)

_____

Les relations des personnages

Utilisez un pronom disjoint et un verbe à l'imparfait pour décrire les relations indiquées. Si vous ne vous souvenez pas de la préposition, vérifiez sur la **Liste de vocabulaire** ou dans un dictionnaire.

> _Exemple:_ Éliane (Yvette/être jalouse)
>
> _Yvette était jalouse d'elle._

1. Éliane (Guy/être amoureux)

_____

2. Guy (Éliane/s'entendre)

_____

3. Jean-Baptiste et Camille (Éliane/penser)

_____

4. l'élite indochinoise (les nationalistes/se révolter)

_____

5. les nationalistes (les Français/avoir peur)

_____

C. L'intrigue

L'histoire de Camille

Remplacez les pronoms dans les phrases suivantes par un élément de la liste pour refaire l'histoire.

Éliane et son fils	à sa mère
Jean-Baptiste	au marché aux esclaves
Jean-Baptiste et Camille	aux discussions sur l'indépendance du Vietnam
Jean-Baptiste et son fils	dans un camp communiste
	de la misère de son peuple
	du bagne

> _Exemple:_ Camille a eu le coup de foudre pour lui après un incident violent.
>
> _Camille a eu le coup de foudre pour Jean-Baptiste après un incident violent._

1. Éliane a voulu les séparer.

_____

2. Camille a épousé Tanh pour pouvoir le rejoindre.

_____

3. Elle en a pris conscience pendant son voyage.

_____

4. Elle y a tué un officier.

_____

5. Jean-Baptiste et Camille s'y sont cachés.

_____

6. Elle les a perdus près de la frontière chinoise.

_____

7. Quand elle en est sortie, elle était communiste.

_____

8. Elle lui a parlé pour la dernière fois en sortant du bagne.

_____

9. Elle y a participé.

_____

10. Elle n'a pas voulu les revoir.

_____

Avant de faire ces activités, étudiez *Les pronoms remplaçant un complément prépositionnel (Les pronoms disjoints, **y, en:** récapitulation)* et *La position des pronoms,* et faites les exercices des sections **Application immédiate** 8 à 10.

POUR ALLER PLUS LOIN

Parlons de Grammaire

The placement of pronouns

Besides the "unjoined" **pronoms disjoints,** all French pronouns are placed directly in front of the verb they modify.

Pronouns in English follow the verb: *I like him.*

French pronouns precede the verb: **Je l'aime.** (literally, *I him like.*)

The good news is that learning the pattern for one pronoun means you've learned the pattern for them all. Consider the following examples:

a. Je l'aime
b. Je l'ai aimé.
c. Je veux l'aimer.

a. Je lui écris.
b. Je lui ai écrit.
c. Je veux lui écrire.

a. J'y vais.
b. J'y suis allé.
c. Je veux y aller.

a. J'en ai.
b. J'en ai eu.
c. Je veux en avoir.

In simple tenses like the (a) examples, the pronoun is placed directly in front of the verb.

In compound tenses like the (b) examples, the pronoun is placed in front of the auxiliary (**avoir** or **être**). This is consistent with the (a) examples, since there is one verb with two parts in the (b) examples.

When there are two verbs in the sentence, as in the (c) examples, the pronoun goes in front of the verb it modifies. This is usually, but not always, the infinitive. Similarly, in English, the verb follows the verb it modifies: *I want to see him.*

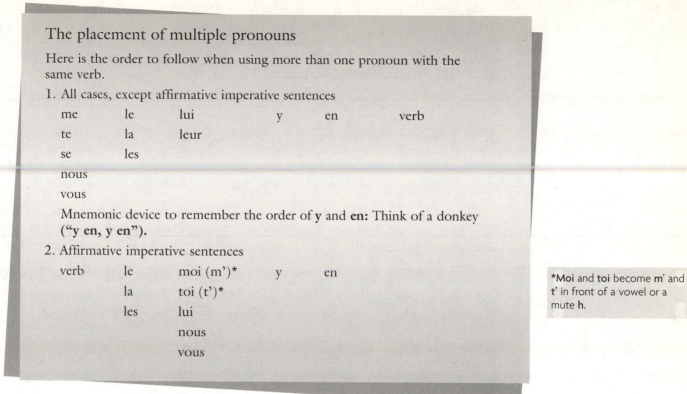

The placement of multiple pronouns

Here is the order to follow when using more than one pronoun with the same verb.

1. All cases, except affirmative imperative sentences

me	le	lui		y	en	verb
te	la	leur				
se	les					
nous						
vous						

Mnemonic device to remember the order of **y** and **en:** Think of a donkey ("y en, y en").

2. Affirmative imperative sentences

verb	le	moi (m')*	y	en
	la	toi (t')*		
	les	lui		
		nous		
		vous		

*Moi and **toi** become **m'** and **t'** in front of a vowel or a mute **h**.

A. La grammaire et le film

Les situations du film

Remplacez les mots soulignés par les pronoms qui conviennent.

1. Éliane parlait <u>de la France</u> <u>à Camille</u>.

_____

2. Tanh a amené <u>Camille</u> <u>à la gare</u> juste après leur mariage.

_____

3. On a éloigné <u>Jean-Baptiste</u> <u>de Saïgon</u>.

_____

4. On a éloigné <u>Jean-Baptiste</u> <u>de Camille</u>.

_____

5. Jean-Baptiste doit se soumettre <u>à la décision de ses supérieurs</u>.

_____

6. Monsieur Devries a offert <u>un électrophone</u> <u>à Éliane</u>.

_____

7. Camille s'est détachée <u>de son passé.</u>

_____

8. Les Européens s'habituaient mal <u>au climat indochinois</u>.

_____

Éliane et Camille

Réécrivez le paragraphe suivant en utilisant des pronoms pour éviter *(to avoid)* les répétitions. Faites attention à la structure des verbes et choisissez le pronom approprié (objet direct, objet indirect, **y, en,** ou pronom disjoint). Faites l'accord du participe passé passé si c'est nécessaire.

Éliane aimait passionnément Camille. Elle était fière de Camille. Elle pensait que personne ne pouvait résister à Camille. Elle voulait que Camille connaisse ses origines indochinoises, alors elle lui parlait souvent de ses origines. Camille faisait confiance à Éliane et elle aimait vivre à la plantation. Quand Éliane a décidé d'éloigner Camille de la plantation à cause de Jean-Baptiste, Camille a rompu avec Éliane. Éliane ne voulait pas cette séparation et elle s'est mal habituée à la séparation. Elle a attendu Camille à la sortie du bagne. Mais Camille est sortie du bagne transformée. Elle a embrassé sa mère et son fils, mais elle n'a pas voulu retourner vivre avec sa mère et son fils.

_____

_____

_____

_____

_____

_____

_____

_____

_____

B. Donnez votre opinion

Qu'en pensez-vous?

Répondez aux questions suivantes avec le pronom approprié.

1. Est-ce qu'Éliane est obligée de battre ses coolies?

   _____

2. Est-ce que Jean-Baptiste est vraiment amoureux d'Éliane?

   _____

3. Est-ce que Camille va revoir son fils?

   _____

4. Est-ce qu'Éliane pourra être heureuse en France?

   _____

5. Est-ce que Jean-Baptiste s'est suicidé?

   _____

6. Est-ce que Camille pourrait vivre comme avant?

   _____

7. Est-ce que Guy épousera Yvette?

   _____

8. Est-ce qu'Étienne retournera un jour en Indochine?

   _____

9. Est-ce que les communistes avaient raison de lutter contre les Français?

   _____

10. Comment trouvez-vous l'histoire de Camille? Croyez-vous au destin?

   _____

C. Imaginez des situations

Donnez des conseils à Éliane

Choisissez le conseil qui s'accorde le mieux à chaque problème d'Éliane.

1. Je suis très troublée par le scandale.
   a. N'y pensez pas.
   b. Ne pensez pas à lui.
2. Je pense encore à Jean-Baptiste.
   a. Ne parlez plus de lui.
   b. N'en parlez plus.

3. J'entends des accusations dans le village.
   a. Répondez-leur.
   b. Répondez-y.

4. Mes amis me critiquent.
   a. Éloignez-vous-en.
   b. Éloignez-vous d'eux.

5. J'ai peur de l'avenir.
   a. Il ne faut pas en avoir peur.
   b. Il ne faut pas avoir peur de lui.

6. J'ai peur de parler à Étienne de sa mère.
   a. Parlez-lui-en.
   b. Parlez-lui d'elle.

7. Je ne sais pas si je vais pouvoir m'habituer à une nouvelle vie.
   a. Vous allez vous y habituer.
   b. Vous allez vous habituer à elle.

8. J'ai beaucoup de choses à dire à ma fille.
   a. Dites-les-lui.
   b. Dites-leur.

Imaginez ce qu'ils disent

Imaginez ce que les personnes suivantes pourraient dire. Utilisez des verbes à l'impératif et des pronoms, selon le modèle.

Exemples: Jean-Baptiste demande à Éliane de lui laisser le tableau. Il lui dit:
Laissez-le-moi!

Éliane demande à Guy de ne pas envoyer Camille au bagne. Elle lui dit:
Ne l'y envoyez pas!

> If you are not comfortable using two pronouns at once, break up the task. You can answer in stages, as follows:
>
> Laissez le tableau à Jean-Baptiste. → Laissez-le à Jean-Baptiste. → Laissez-le-lui!
>
> N'envoyez pas Camille au bagne. → Ne l'envoyez pas au bagne. → Ne l'y envoyez pas!

1. Une amie conseille à Camille de ne pas se marier avec Tanh. Elle lui dit:

   _____

2. Jean-Baptiste demande à l'amiral de ne pas le muter dans l'île du Dragon. Il lui dit:

   _____

3. À Genève, Étienne demande à Éliane de lui montrer sa mère. Il lui dit:

   _____

4. Guy demande au propriétaire de la fumerie d'opium de ne plus donner d'opium à Éliane. Il lui dit:

   _____

5. Un politicien conseille aux Français de donner l'indépendance aux Indochinois. Il leur dit:

   _____

Préparation à la lecture

A. Les renseignements culturels. La France et le Vietnam

Comme le fils de Camille, la protagoniste du récit autobiographique que vous allez lire, *Métisse blanche,* est une métisse franco-vietnamienne qui a immigré en France. Quelques recherches sur l'Internet vont vous aider à mieux comprendre son histoire et ses sentiments envers le Vietnam et la France. Visitez **http://www.thomsonedu.com/french/sequences** pour trouver des liens qui vous aideront à répondre aux questions suivantes.

1. Qui était Hô Chi Minh et quelles ont été ses relations avec la France?

   _____

   _____

   _____

2. Sous quelles formes est-ce que la présence française existe toujours au Vietnam?

   _____

   _____

   _____

3. Pour quelles raisons est-ce que des Vietnamiens ont choisi de vivre en France au vingtième siècle? Notez quelques contributions de cette population immigrante à la culture française.

   _____

   _____

   _____

4. Par quels aspects de la culture vietnamienne est-ce que les voyageurs français sont attirés? (Note: Le Vietnam a ouvert ses portes au tourisme en 1987.)

   _____

   _____

   _____

B. Le vocabulaire de la lecture

En d'autres mots

Liez les citations du texte aux pensées et sentiments qu'elles expriment.

___ 1. "Je ne sais pas à quoi ressemble mon géniteur."

___ 2. "J'ai nourri à l'égard de ce père inconnu une haine violente comme seuls en sont capables les enfants profondément meurtris."

___ 3. "Affolée par l'ampleur des conséquences que mon existence allait faire peser sur sa vie, elle me confia à une nourrice avant de s'enfuir loin jusqu'à Saigon, terre pour elle étrangère où elle espérait rebâtir un avenir."

___ 4. "Tout en moi heurtait mes proches: mon physique de métisse, mon caractère imprévu, difficile à comprendre, si peu Viêt-Namien en un mot. On mettait tout ce qui était mauvais en moi sur le compte du sang français qui circulait dans mes veines."

___ 5. "Petite fille je rêvais d'accidents providentiels qui me videraient de ce sang maudit, me laissant pure Viêt-Namienne … car j'aimais ce pays, les rizières, les haies de bambous verts, les mares où je pataugeais en compagnie d'autres enfants du même âge."

___ 6. "Je me souviens également de ma peur de la France, un mélange de panique et de répulsion, comme lorsqu'on jette une vierge dans le lit d'un inconnu."

___ 7. "Ici, les choses me paraissent simples. Si je dis que je suis Viêt-Namienne, on me prend comme telle, si je dis que je suis française, on me demande de quelle origine je suis: sans plus."

a. La narratrice appréciait la beauté de son pays natal.

b. La narratrice trouve que les Français acceptent mieux les différences que les Vietnamiens.

c. La narratrice rejette le souvenir de son père.

d. La narratrice n'a jamais vu son père.

e. La narratrice avait très peur d'aller en France.

f. La narratrice a beaucoup souffert d'avoir été métisse au Vietnam.

g. La mère de la narratrice avait peur d'être malheureuse à cause de sa fille.

Les mots dans leur contexte

Lisez la phrase pour saisir le contexte et offrez une traduction possible des mots soulignés.

> *Exemple:* "Je me souviens du sentiment de terreur que j'ai éprouvé à l'approche
> du départ ... "
>
> On éprouve un sentiment.
>
> éprouver = *to feel, to experience*

1. "J'ai nourri à l'égard de ce père inconnu une haine violente, comme seuls en sont capables les enfants profondément meurtris."

   On nourrit un sentiment (une haine, par exemple) pour quelqu'un.

   nourrir = _____

2. "Ma mère ... s'est retrouvée seule avec une enfant à charge."

   "Une charge" est une responsabilité.

   une enfant à charge = _____

3. "Ma mère cherche à me placer dans un orphelinat afin de me «rendre à ma race»."

   "Chercha à " signifie "a essayé de" et "placer" signifie "mettre".

   chercha à me placer = _____

4. "Je n'ai gardé aucun souvenir des premières années de ma vie, hormis ce sentiment très tôt ressenti d'être partout déplacée, étrangère... "

   On ressent un sentiment.

   ressentir = _____

   "Déplacée" a une signification proche du mot "étrangère".

   déplacé = _____

5. "Certes, je n'ignore pas les courants racistes dirigés contre les communautés maghrébines... "

   "Un courant" est un mouvement, une tendance.

   courant = _____

   On dirige le racisme contre un groupe.

   diriger = _____

6. "Car ce que le Viêt-nam m'avait refusé, la France me l'a accordé: elle m'a reçue et acceptée."

   "Accorder" est le contraire de "refuser".

   accorder = _____

C. Imaginez des situations

Vous allez rencontrer les situations suivantes dans les deux extraits de *Métisse blanche* que vous allez lire en classe. Imaginer le contexte de ces situations va vous préparer à mieux comprendre le texte. Écrivez une ou deux phrases pour chaque situation.

> *Exemple:* La narratrice n'a jamais connu son père. Imaginez comment elle peut vivre cette situation.
>
> *Elle veut connaître son identité; elle se demande pourquoi il l'a abandonnée; elle le trouve égoïste.*

1. La mère de la narratrice est une mère célibataire *(single mother)* dans un petit village. Imaginez sa vie.

   _____

   _____

   _____

2. La narratrice est la fille illégitime d'un soldat français. Imaginez l'attitude des nationalistes vietnamiens à son égard *(toward her)*.

   _____

   _____

   _____

3. La narratrice quitte son pays natal pour aller en France. Imaginez ses craintes *(fears)*.

   _____

   _____

   _____

4. La narratrice essaie de s'intégrer en France. Imaginez l'attitude des Français face à une Franco-vietnamienne.

   _____

   _____

   _____

D. La lecture

Parcourez les extraits de *Métisse blanche* dans votre manuel.

Système-D 4.0

PRÉPARATION À L'ÉCRITURE

Dans *Indochine* et *Métisse blanche,* nous voyons que la politique peut avoir une influence profonde et même catastrophique sur la vie d'un individu. Bien que le résultat ne soit pas toujours aussi intense, nous sommes tous touchés par la politique d'une manière ou d'une autre. De quelle façon et à quel moment est-ce que les événements politiques ont influencé votre vie?

A. Choisissez un sujet

À quel moment est-ce que la politique a touché votre vie?
Quelques possibilités:

- le 11 septembre 2001
- les élections présidentielles
- le début d'une guerre
- un scandale politique local ou national
- une manifestation locale ou nationale
- si vous avez voyagé
  a. l'attitude pro- ou anti-américaine à l'étranger
  b. vos impressions du pays que vous avez visité

B. Réfléchissez au contenu

Quels détails choisirez-vous pour rendre votre expérience vive et intéressante?

- **Où** étiez-vous au moment de cette expérience?

  Quels éléments vous aideront à décrire le lieu? Y a-t-il des bruits, des odeurs, des couleurs que vous associez au lieu de votre expérience? Vous souvenez-vous du temps? Qu'est-ce que le lieu représentait pour vous avant l'événement que vous décrivez? Est-ce que ces associations ont changé après?

  Notez quelques idées:

  _____

  _____

  _____

- **Avec qui** étiez vous?

  Avez-vous partagé cette expérience avec d'autres personnes? Comment ont-elles réagi à l'événement que vous décrivez? Est-ce que leurs attitudes ont influencé la vôtre? Pouvez-vous imaginer des dialogues qui pourraient rendre votre récit plus intéressant?

  Notez quelques idées:

  _____

  _____

  _____

- **Que** s'est-il passé?

  Quelle action ou suite d'actions vous a donné l'occasion de réflexion que vous décrivez? Pouvez-vous en refaire une chronologie précise? Y a-t-il certains éléments qui vous semblent plus essentiels que d'autres? Pouvez-vous faire sentir leur importance à vos lecteurs?

  Notez quelques idées:

  _____

  _____

  _____

- **Quel effet** est-ce que cette expérience a eu sur vous?

  Considérez votre façon de voir le monde, vos actions, votre idée des autres et de vous-même, et vos projets pour l'avenir.

  Notez quelques idées:

  _____

  _____

  _____

- **Comment** est-ce que l'aspect personnel de cette expérience vous aide à mieux comprendre le monde autour de vous?

  Notez quelques idées:

  _____

  _____

  _____

C. Réfléchissez à la langue

1. Pour vous aider à mettre vos idées sur papier, retournez au vocabulaire de ce chapitre. Considérez les verbes **prendre conscience, se rendre compte, se révolter,** etc. Utilisez ceux qui peuvent vous aider à vous exprimer de manière plus précise.

2. Faites attention aux temps que vous allez utiliser. Puisqu'il s'agit d'un événement passé, vous allez écrire au passé composé, à l'imparfait et au plus-que-parfait. Référez-vous à votre manuel pour réviser l'emploi de ces temps.

3. Faites un effort conscient pour utiliser les pronoms que vous avez étudiés dans ce chapitre, mais n'en utilisez pas trop!

D. Organisez votre rédaction

Cherchez une structure pour votre rédaction. Notez de quoi vous allez parler dans chaque paragraphe. Puis commencez à écrire votre rédaction sur une feuille séparée.

Exemple:

> Introduction: brève présentation de l'événement qui vous a marqué(e)
>
> Paragraphe 1: où vous étiez, avec qui, ce que vous faisiez
>
> Paragraphe 2: ce qui s'est passé
>
> Paragraphe 3: comment cet événement a influencé votre vie
>
> Conclusion

E. Perfectionnez votre travail

1. Demandez à un(e) camarade de classe de lire votre rédaction et de vous faire des commentaires sur les idées, l'organisation et la langue.

2. Lisez votre travail à voix haute. Vous vous rendrez compte *(will notice)* plus facilement des problèmes d'organisation, des incohérences, des répétitions et des fautes d'inattention.

3. Faites attention aux points suivants:
   a. Les noms et les adjectifs
      - Le genre (masculin ou féminin) est-il correct?
      - Le nombre (singulier ou pluriel) est-il correct?
      - Le déterminant (article défini, indéfini, partitif, etc.) est-il approprié?
      - La position des adjectifs (avant ou après le nom) est-elle correcte?

   b. Les verbes
      - Sont-ils au bon mode (indicatif, subjonctif, infinitif, impératif, conditionnel)?
      - Sont-ils au bon temps (présent, imparfait, passé composé, etc.)?
      - Leur structure est-elle correcte? (par exemple, faut-il une préposition?)
      - La conjugaison est-elle correcte?
      - S'accordent-ils avec le sujet?
      - Au passé, l'accord du participe passé est-il correct?

   c. Les pronoms
      - Avez-vous choisi les pronoms corrects (objet direct, indirect, etc.)?
      - Les pronoms sont-ils placés au bon endroit (devant le verbe conjugué ou l'auxiliaire, devant l'infinitif)?
      - Avez-vous vérifié les accords des participes passés quand le pronom est un pronom d'objet direct?

   d. L'orthographe
      - Vérifiez l'orthographe et n'oubliez pas les accents.

   e. Le ton et le style
      - Assurez-vous que le ton est approprié pour votre sujet et pour votre lecteur.
      - Évitez les répétitions: Utilisez des synonymes et des pronoms pour remplacer les noms; variez les structures.
      - Évitez les phrases trop simples: Utilisez des propositions relatives.
      - Utilisez des mots de transition (**d'abord, puis, ensuite, aussi, c'est pourquoi, [mal]heureusement, ainsi/de cette façon,** etc.).

Chapitre 6

LES HOMMES ET LES FEMMES: *Chaos (2001)*

Heinle iRadio
www.thomsonedu.com/french:
- the future perfect
- the past conditional
- the pluperfect past

LES MOTS POUR LE DIRE

A. Votre dictionnaire personnel

Trouvez le vocabulaire de votre liste qui correspond aux catégories suivantes.

1. l'argent

_____

_____

_____

_____

2. la drogue et la prostitution

_____

_____

_____

_____

3. les relations humaines (négatives et positives)

_____

_____

_____

_____

4. la violence

_____

_____

_____

_____

B. Synonymes et antonymes

Le synonyme le plus proche

Référez-vous à la liste principale de vocabulaire et à la liste de vocabulaire familier dans le manuel de classe pour trouver le synonyme le plus proche.

___ **1.** prendre conscience   **a.** voyou

___ **2.** maquereau   **b.** agresser

___ **3.** investir   **c.** venir en aide à quelqu'un

___ **4.** volonté   **d.** se rendre compte

___ **5.** battre   **e.** proxénète

___ **6.** truand   **f.** force de caractère

___ **7.** protéger   **g.** placer de l'argent

C. Associations

L'intrus

Barrez (_cross out_) le mot qui ne va pas avec les autres.

1. la volonté   la lâcheté   la force de caractère   l'énergie

2. un criminel   un témoin   un voyou   un proxénète

3. des économies   un investissement   un embêtement   un compte en banque

4. s'échapper   s'en sortir   subir   se venger

5. battre   tromper   violer   agresser

6. avertir   assister   protéger   venir en aide

7. se rendre compte   se méfier   une épiphanie   réaliser

Groupez les mots

Voici quelques formes verbales (à gauche) et nominales (à droite) correspondantes. Complétez la liste. Utilisez un dictionnaire si nécessaire.

Exemple: **agresser**

     une agression

1. _____   un avertissement

2. _____   la séduction

3. protéger   _____

4. embêter _____

5. investir _____

6. _____ une rupture

7. témoigner _____

D. Dictée

Track 26

Faites la dictée, puis vérifiez vos réponses.

Hélène est une bourgeoise qui _____ (1) entièrement à son mari

et à son fils. Elle les sert matin et soir, mais un jour elle _____ (2)

que tous ses efforts passent inaperçus. Un soir lorsqu'Hélène et son mari se rendent chez

des amis, ils voient une jeune prostituée qui _____ (3).

Hélène veut lui _____ (4) mais son mari refuse. Ils

_____ (5) à _____ (6) brutale

par _____ (7). Après l'incident, Hélène

_____ (8), alors elle retrouve la jeune femme à l'hôpital où

elle est dans le coma. Grâce à cette nouvelle relation, la prostituée

_____ (9) et la bourgeoise _____ (10).

Réécrivez le paragraphe au passé

Mettez les verbes du paragraphe au passé composé ou à l'imparfait. Révisez *L'imparfait,*
Le passé composé, et *Le passé composé et l'imparfait* (pages 245–254) si nécessaire.

_____

_____

_____

_____

_____

_____

_____

_____

_____

_____

Avant de faire ces activités, étudiez *La formation du futur, L'emploi du futur, La formation du conditionnel présent,* et *L'emploi du conditionnel présent* et faites les exercices des sections **Application immédiate** 1 à 6.

PRÉPARATION À LA DISCUSSION

Parlons de Grammaire

By the time you've learned the conditional, you've probably already become familiar with the future tense. If this is the case, you will have learned the irregular stems, so forming the conditional should be rather easy. The only potential problem is a tendency to confuse the future and conditional—or worse, to use the forms interchangeably rather than focusing on their significant difference in meaning.

Beware! While the future and the conditional are very close in their written forms and, to some degree, in their pronunciation, they differ radically in meaning.

Surely you will immediately recognize that there is a huge difference between

Je t'épouserai.	*I will marry you.*

AND

Je t'épouserais.	*I would marry you.*

OR

Vous aurez une bonne note.	*You will get a good grade.*

AND

Vous auriez une bonne note.	*You would get a good grade.*

In each case, the addition of a single letter creates a meaning that is worlds apart. Let this inspire you to pay very close attention when using the future and the conditional.

A. Prononcez bien

La prononciation des verbes au futur et au conditionnel

Écoutez et répétez

Track 28

Both the conditional and the future are marked by the sound [r] at the head of the final syllable. Speakers of English often have difficulty pronouncing the French [r]. To practice this sound, place your tongue behind your lower teeth and make a light gargling sound at the back of your throat. Practice the future and the conditional by repeating the verbs you hear. You will hear the infinitive, the future, and then the conditional in each of the eight examples. Then refer to the answer key and listen and practice again.

Écoutez et encerclez

Track 29

Now consider the different endings that distinguish the future from the conditional.

Future	Conditional
je ferai	je ferais
tu feras	tu ferais
il/elle/on fera	il/elle/on ferait
nous ferons	nous ferions
vous ferez	vous feriez
ils/elles feront	ils/elles feraient

Pay very close attention to the forms in which the distinction in pronunciation is slight—most notably **je, nous,** and **vous.**

Je

The ending **-ai** is pronounced with a closed [e] like the sound in **clé.** The ending **-ais** is pronounced with an open [E] like the sound in **bête.**

Nous and **vous**

The conditional endings **-ions** and **-iez** have the addition not only of a short [i] but also of the [j] sound like the one you hear at the beginning of the English *you* or *yoyo.*

Listen to the sentences and circle the verb form that you hear. Then correct your answers and listen again while reading the sentences provided in the Audio script.

1.	viendrais	viendrai
2.	travaillerait	travaillera
3.	paieraient	paieront
4.	verrais	verras
5.	comprendrions	comprendrons
6.	devriez	devrez
7.	auraient	auront
8.	pourriez	pourrez
9.	mourrait	mourra
10.	irais	irai
11.	recevrions	recevrons
12.	se rendrait	se rendra

B. La grammaire et le film

Les situations du film

Que feriez-vous dans les situations suivantes? Conjuguez les trois verbes au conditionnel pour formuler des phrases complètes, puis choisissez la réponse qui vous convient le mieux.

Exemple: Seul(e) dans votre voiture, vous voyez une jeune femme poursuivie par deux hommes.

    a. verrouiller les portières et faire semblant de ne rien voir

    b. ouvrir la porte et dire à la jeune femme de vite entrer

    c. appeler la police sur mon portable

    Je verrouillerais les portières et ferais semblant de ne rien voir./J'ouvrirais la porte et dirais à la jeune fille de vite entrer./J'appellerais la police sur mon portable.

1. Vous apprenez que votre fiancé(e) vous trompe.
    a. saccager son appartement
    b. en parler à son père
    c. le/la quitter pour un(e) autre

_____

_____

_____

2. Votre partenaire manque de respect envers sa mère et refuse de la voir quand elle vient vous rendre visite.
   a. ne rien faire—c'est son problème
   b. être très gentil(le) avec sa mère pour compenser un peu
   c. refuser de mentir pour lui/elle

_____

_____

_____

3. Votre mère se sent très seule et n'a personne à qui parler.
   a. l'inviter à la maison
   b. lui rendre visite
   c. lui acheter un chat

_____

_____

_____

4. Vous apprenez qu'un homme de votre famille maltraite les femmes avec qui il sort.
   a. faire un scandale—c'est inadmissible!
   b. refuser de lui parler
   c. le trouver admirable—c'est un vrai séducteur!

_____

_____

_____

5. Vous habitez à côté d'une famille d'une culture différente de la vôtre et vous vous rendez compte que leurs enfants sont souvent battus.
   a. appeler les services sociaux
   b. aller parler directement aux voisins
   c. faire semblant _(to pretend)_ de ne rien voir ni entendre

_____

_____

_____

6. Votre partenaire refuse d'aider une personne en danger.
   a. accepter la situation
   b. aider la personne sans son accord
   c. insister pour qu'il/elle l'aide

_____

_____

_____

7. Vous voyez deux hommes dans un hôpital qui semblent être des voyous sur le point de commettre un crime.
   a. avertir les autorités
   b. appeler au secours
   c. vite partir pour ne pas avoir de problèmes

   _____

   _____

8. Un(e) inconnu(e) très séduisant(e) vous tombe dans les bras et dit: "J'ai très envie de vous embrasser."
   a. rire—c'est ridicule!
   b. le/la suivre n'importe où
   c. refuser poliment

   _____

   _____

9. Votre père tombe amoureux d'une jeune prostituée et lui donne tout son argent.
   a. ne plus lui rendre visite
   b. trouver un bon avocat *(lawyer)*
   c. être content(e) que mon père soit amoureux

   _____

   _____

10. Vous apprenez que vos parents pensent se séparer.
    a. essayer de leur en parler
    b. pleurer
    c. leur demander pourquoi ils ont attendu si longtemps

    _____

    _____

    _____

Mettez-vous à leur place

Expliquez ce que chaque personnage a ou n'a pas fait dans la situation décrite. Puis imaginez ce que vous feriez ou ressentiriez dans une situation similaire.

Exemple: **Situation:** Mamie et Hélène ont rendu visite à leurs fils et se sont rendu compte qu'ils ne voulaient pas les voir.

Expliquez: Qu'est-ce qu'elles ont fait?

Réponse possible: *Mamie et Hélène ont été tristes, mais elles n'ont rien dit à leurs fils.*

Imaginez: Que feriez-vous à leur place?

Réponses possibles: *Je serais triste/très en colère./Je ne dirais rien./Je me fâcherais avec mon fils.*

1. **Situation:** Hélène était invitée à dîner mais elle voulait aussi aller à l'hôpital pour voir Malika.

   Expliquez: Qu'est-ce qu'elle a fait?

   _____

   Imaginez: Que feriez-vous à sa place?

   _____

2. **Situation:** Paul voulait mettre un costume pour un dîner d'affaires, mais il n'était pas repassé.

   Expliquez: Qu'est-ce qu'il a fait?

   _____

   Imaginez: Que feriez-vous à sa place?

   _____

3. **Situation:** Fabrice a demandé à Charlotte de l'attendre pendant qu'il allait parler à son ancienne fiancée. Il était toujours dans l'appartement de Florence 15 minutes plus tard.

   Expliquez: Qu'est-ce que Charlotte a fait?

   _____

   Imaginez: Que feriez-vous à la place de Charlotte?

   _____

4. **Situation:** Florence et Charlotte se sont installées dans l'appartement de Fabrice et ont mis ses affaires dans le placard.

   Expliquez: Qu'est-ce que Fabrice a fait?

   _____

   Imaginez: Que feriez-vous à sa place?

   _____

C. L'intrigue

L'histoire de Malika

L'histoire de Malika est présentée dans un retour en arrière dans le film. Numérotez les phrases suivantes dans l'ordre chronologique pour raconter cette histoire et mieux comprendre comment elle s'intègre dans l'intrigue.

___ Malika quitte son père et s'enfuit.

___ Malika fait la connaissance d'Hélène.

___ Les proxénètes se rendent compte des activités secrètes de Malika.

___ Malika économise de l'argent et fait des investissements.

___ On prépare Malika à devenir prostituée.

___ Un vieil homme lègue sa fortune à Malika.

___ Malika rencontre Touki.

___ Le père de Malika décide de l'emmener en Algérie pour la marier avec un vieil homme.

___ Malika est transférée à Paris pour travailler sur les boulevards extérieurs.

___ Les proxénètes agressent Malika quand elle refuse de signer une procuration.

POUR ALLER PLUS LOIN

> Avant de faire ces activités, étudiez *La formation du conditionnel passé* et *Les phrases hypothétiques* et faites les exercices des sections **Application immédiate 7** à **11**.

Parlons de Grammaire

French hypotheticals follow the same pattern as their English counterparts.

Present tense followed by the future:

If I study, I will succeed.   **Si j'étudie, je réussirai.**

Past tense followed by the conditional:

If I studied, I would succeed.   **Si j'étudiais, je réussirais.**

Past perfect followed by the past conditional:

If I had studied I would have succeeded.   **Si j'avais étudié, j'aurais réussi.**

This similarity between the two languages is most helpful when you are aware of the sentence patterns we use everyday in our own language. Because people are not always conscious of how their language works (and because of our tendency to contract our compound tenses making *I would have sound like I'd uv*), we still need to pay very close attention to form when using and listening to hypothetical sentences.

The following patterns may help with these forms:

The first pattern combines the present and the future (this is a harmonious marriage of structures since the future has present tense endings).

Si j'**ai** le temps, je viend**rai.**

   OU

Je viend**rai** si j'**ai** le temps.

The second pattern combines the imperfect with the conditional, which have different stems but the same endings (again creating a satisfying similarity).

Si tu ét**ais** plus aimable, je ser**ais** aimable aussi.

   OU

Je ser**ais** aimable si tu ét**ais** plus aimable.

In the third pattern we see that two compound tenses are used together. Both the **plus-que-parfait** and the **passé du conditionnel** are formed, like the **passé composé,** with an auxiliary—conjugated in the imperfect and the conditional respectively—and a past participle. Again the pattern is balanced and elegant.

S'il **avait réfléchi,** il **aurait réussi.**

   OU

Il **aurait réussi** s'il **avait réfléchi.**

Patterns	Hints for remembering the patterns: Notice the symmetry.	Sample sentences
1. present + future	The future has present tense endings (from the verb **avoir**).	Si j'**ai** le temps, je viend**rai.**
2. imperfect + present conditional	The imperfect and the conditional have the same endings.	Si tu ét**ais** plus aimable, je ser**ais** aimable aussi.
3. pluperfect + past conditional	The pluperfect and the past conditional are both compound tenses formed with an auxiliary and a past participle.	S'il **avait réfléchi,** il **aurait réussi.**

A. Imaginez des situations

Des vies différentes

Comment est-ce que la vie changerait, ou aurait changé, pour les personnages indiqués dans les situations suivantes? Inspirez-vous des verbes donnés et notez bien la forme du verbe au début de la phrase avant de la compléter.

avoir une meilleure relation	ne pas avoir d'argent
être en danger	ne pas être agressé(e)
mourir	ne pas faire le trottoir

penser aux autres	ne pas saccager le studio
protéger Zora	ne pas le séduire
avoir une meilleure relation	ne pas se sentir revivre
	ne pas vivre ensemble

1. Si Paul savait communiquer avec sa femme, _____

2. Si Malika n'avait pas rencontré Touki, _____
_____.

3. Si Fabrice n'avait pas trompé Florence, _____
_____.

4. Si Hélène ne s'inquiétait pas pour la fille agressée, _____
_____.

5. Si Hélène n'était pas allée à l'hôpital, _____
_____.

6. Si les frères de Malika étaient moins égoïstes, _____
_____.

7. Si Florence et Charlotte ne s'entendaient pas, _____
_____.

8. Si Fabrice n'avait pas été malpoli avec sa mère devant Malika, _____
_____.

9. Si le vieux monsieur n'avait pas laissé son argent à Malika, _____
_____.

10. Si Malika avait signé la procuration, _____
_____.

Espoirs et regrets

À la fin du film, Malika, Zora, Hélène et Mamie sont ensemble à la maison que Malika a achetée près de la mer. Elles parlent du passé et de l'avenir. Faites des phrases selon le modèle proposé.

1. Si je peux (+ futur)

Malika: Si je peux, je ferai des études d'informatique.

Zora: _____

Hélène: _____

Mamie: _____

2. Si c'était à refaire (+ conditionnel présent)

Malika: Si c'était à refaire, je parlerais de ma situation à mes profs.

Zora: _____

Hélène: _____

Mamie: _____

3. Si j'avais su (+ conditionnel passé)

Malika: Si j'avais su, je n'aurais jamais fait confiance à Touki.

Zora: _____

Hélène: _____

Mamie: _____

B. Donnez votre opinion

Votre opinion du film

Complétez les phrases suivantes en faisant bien attention aux formes de vos verbes.

1. Nous aurions trouvé Fabrice plus sympathique (si + plus-que-parfait)_____

_____.

2. On aurait ri (si + plus-que-parfait) _____

_____.

3. J'aimerais mieux le film (si + imparfait) _____

_____.

4. On aurait été triste (si + plus-que-parfait) _____

_____ .

5. Paul serait moins comique (si + imparfait) _____

_____ .

6. Le film aurait été plus intéressant (si + plus-que-parfait) _____

_____ .

7. J'aurais moins aimé le film (si + plus-que-parfait) _____

_____ .

8. J'irais voir un autre film de Coline Serreau si (+ imparfait) _____

_____ .

Votre opinion sur le remake

Un réalisateur étranger aimerait faire un remake de *Chaos* et il a fait une liste des changements qu'il envisage *(considers)*. Expliquez pourquoi vous n'êtes pas d'accord avec ces changements.

Use si + présent + futur.

Exemple: Malika n'aura pas de sœur.

Si Malika n'a pas de sœur, elle sera moins motivée pour s'en sortir./Si Malika n'a pas de sœur, les spectateurs ne verront pas sa situation familiale et ne comprendront pas pourquoi elle est devenue prostituée.

1. Le vieux monsieur riche que Malika a séduit ne mourra pas.

_____

_____

2. Hélène sera seule au moment de l'agression de Malika.

_____

_____

3. Les deux copines de Fabrice ne se rencontreront pas.

_____

_____

4. Le personnage de Mamie sera éliminé.

_____

_____

5. Malika ne séduira pas Paul.

_____

_____

6. La jeune prostituée n'acceptera pas d'aider Malika.

_____

_____

7. Mamie n'aura pas de maison à la campagne.

_____

_____

8. La police n'écoutera pas les conversations de Paul.

_____

_____

9. Florence ne détruira pas le studio.

_____

_____

10. Malika ne fera pas de cadeaux à ses frères.

_____

_____

PRÉPARATION À LA LECTURE

A. Les renseignements culturels. Le baccalauréat

Dans *Chaos,* le père de Malika veut la marier en Algérie juste avant qu'elle passe le baccalauréat. La même chose arrive à Fatoumata, une jeune Sénégalaise dont vous allez lire l'histoire. L'activité qui suit va vous renseigner sur le bac et vous aider à mieux comprendre l'histoire de Fatoumata.

1. Renseignez-vous sur le système éducatif français sur le site du Ministère de l'éducation nationale à **http://www.thomsonedu.com/french/sequences,** puis répondez aux questions qui suivent.

> **Vocabulaire utile**
>
> **obligatoire:** *mandatory/required*
> **facultatif(-ive):** *non mandatory/optional*
> **une épreuve:** *exam*
> **le taux:** *rate*

a. Depuis quand est-ce que le baccalauréat fait partie du système éducatif français?

_____

_____

b. Quels sont les trois types de baccalauréat?

_____

_____

c. Quel type de baccalauréat est le plus souvent choisi?

_____

_____

d. Quels sont les trois types de baccalauréat général?

_____

_____

e. Quelles études supérieures peut-on poursuivre après le bac littéraire? (**Note:** Les classes préparatoires aux grandes écoles constituent la voie la plus prestigieuse.)

_____

_____

2. Le bac et vous: Si vous deviez passer le baccalauréat général, quel type choisiriez-vous et qu'est-ce que vous feriez après le bac? Justifiez vos choix.

Exemple: *Si je devais passer le bacccalauréat général, je choisirais la série ES (économique et social) parce que je m'intéresse à l'actualité. Après le bac, je poursuivrais un diplôme professionnel parce que j'ai envie de travailler rapidement.*

_____

_____

_____

_____

B. Le vocabulaire de la lecture

Les mots apparentés

Grâce au vocabulaire que vous connaissez déjà, devinez le sens des mots de la troisième colonne.

	Mot connu	Traduction anglaise	Mot ou expression apparenté(e)	Traduction anglaise
1.	un lycée	*a high school*	une lycéenne	
2.	rentrer	*to return, to go back (home, to school)*	la rentrée	
3.	un accord	*an agreement*	s'accorder	
4.	enseigner	*to teach*	un enseignant	
5.	remuer	*to move*	remuer ciel et terre	
6.	conseiller	*to advise*	une conseillère	
7.	profiter	*to take advantage of, to benefit from*	profitant	
8.	un domicile	*a residence*	domicilié	
9.	nouveau (nouvelle)	*new*	des nouvelles	
10.	débrouillard(e)	*resourceful*	se débrouiller	
11.	un locuteur, une locutrice	*a speaker*	un interlocuteur	
12.	une œuvre	*a work, an activity*	mettre en œuvre	

En d'autres mots

Combinez les citations de l'article que vous allez lire (1–5) avec les explications suggérées (a–e).

___ **1.** "L'ensemble du lycée, élèves, administration et enseignants, remuent ciel et terre pour résoudre l'énigme."

___ **2.** "Pendant la seconde [semaine de vacances] elle doit rejoindre son père—«sans profession», selon les uns, «marabout» selon les autres au Sénégal depuis un mois."

___ **3.** "La mère de la jeune fille, domiciliée dans le 19ᵉ arrondissement multiplie les versions en fonction de ses interlocuteurs."

___ **4.** "« Très bonne rentrée... sans moi. A bientôt... Fatou. »"

___ **5.** "Jack Lang s'est longuement entretenu au téléphone dimanche après-midi avec le président du Sénégal, qui a immédiatement donné son accord pour que la lycéenne quitte sans encombre le territoire sénégalais."

a. Ceux qui connaissent Fatoumata s'intéressent vraiment à elle et veulent absolument la retrouver.

b. Fatoumata indique à ses amis qu'elle ne va pas retourner au lycée.

c. Les politiciens des deux pays s'intéressent à l'histoire de Fatoumata.

d. Les personnes qui parlent de Fatou à sa mère obtiennent toutes des informations différentes.

e. Les amis de Fatoumata savent très peu au sujet de son père.

C. Imaginez des situations

Le texte que vous allez lire présente l'histoire d'une jeune élève qui disparaît peu avant la fin de l'année scolaire. Grâce aux réactions de plusieurs membres de la communauté et à leurs efforts pour aider la fille disparue, le mystère devient une cause publique. Comment est-ce que vous réagiriez personnellement aux situations suivantes?

Inspirez-vous de cette liste d'actions pour répondre aux questions qui suivent.

> accepter la volonté des parents
>
> avertir le principal
>
> demander de l'aide
>
> écrire des lettres aux organisations politiques
>
> expliquer son point de vue
>
> faire appel aux services sociaux
>
> interroger plusieurs personnes pour trouver des indices
>
> l'obliger à quitter le pays
>
> raconter l'incident aux médias
>
> refuser
>
> se cacher
>
> téléphoner à…

Exemple: Vous êtes enseignant(e) dans un lycée. Une très bonne élève de votre classe ne revient pas après les vacances de printemps—deux mois avant un examen important.

J'avertirais le principal et j'interrogerais les amis de cette élève.

1. Vous téléphonez pour avoir des nouvelles d'une amie que vous n'avez pas vue depuis un moment. À chaque fois, sa mère vous explique son absence de façon différente. Vous croyez qu'elle ment pour cacher quelque chose.

_____

_____

2. Vous êtes un(e) Africain(e) habitant en France et vous voulez conserver les traditions de votre pays d'origine. Vous vous rendez compte un jour que votre fille est tombée amoureuse d'un jeune Français.

_____

_____

3. Vous êtes élève au lycée et vous voulez continuer vos études après le lycée. Vos parents, qui viennent d'une culture différente, veulent vous marier à un(e) inconnu(e) dans leur pays d'origine.

_____

_____

4. Vous faites partie d'un groupe de personnes qui mènent une enquête *(investigation)* pour retrouver une jeune fille disparue.

_____

_____

D. La lecture

Parcourez les articles dans le manuel de classe.

Système-D 4.0

PRÉPARATION À L'ÉCRITURE

Dans ce chapitre, vous allez exprimer votre opinion sur un aspect de la société qui vous intéresse.

A. Choisissez un sujet

Considérez les thèses suivantes. Quel sujet vous inspire la réaction la plus forte? Notez vos opinions et arguments tout de suite.

1. L'éducation: Les élèves sortant des lycées américains sont trop souvent mal instruits et peu préparés à poursuivre leurs études à l'université. Il faudrait adopter un examen de fin d'études, comme le baccalauréat, pour résoudre les problèmes de l'éducation aux États-Unis.

2. L'amour et la séduction: Le code social actuel est beaucoup moins strict qu'autrefois en ce qui concerne les relations amoureuses. Nous voyons à travers les personnages de Fabrice, Florence et Charlotte que les couples se forment et se séparent facilement. Malgré le ton comique du film, cette situation peut mener à des conséquences graves— enfants sans famille stable, découragement, chagrin d'amour, dépressions, violence, manque d'intimité réelle. On ne devrait pas laisser trop de liberté sexuelle aux jeunes.

3. Le mariage: Il n'est pas difficile d'imaginer les aspects négatifs d'un mariage forcé mais les mariages choisis, comme celui d'Hélène et Paul, ne sont pas toujours sans difficultés—même graves. Trop souvent, le mariage se base sur le mensonge et la facilité. Il faudrait que le mariage évolue avec la société et que nous examinions notre façon de voir la vie de couple—ses mérites et ses défauts.

4. Les personnes âgées: Dans la société actuelle, les personnes âgées, comme la mère de Paul, vivent trop souvent seules et isolées des autres. Cette réalité est non seulement honteuse et tragique, elle représente aussi une perte pour nous tous car nous ne profi- tons pas de la sagesse et de l'amour que cette génération souhaite partager avec nous. Il faudrait lutter pour que les personnes âgées soient mieux intégrées à nos vies.

5. La violence: On peut dire que Malika et Hélène sortent du coma ensemble— Malika de façon physique et Hélène de façon psychologique. Avec sa nouvelle force de caractère, Hélène montre une plus grande violence dans son comportement et ses réactions aux événements. La violence est parfois une réponse acceptable et nécessaire.

_____

_____

_____

_____

_____

_____

B. Réfléchissez au contenu

1. Notez des idées.

    a. Quels sont les différents aspects du problème?

_____

_____

_____

    b. Que proposez-vous pour résoudre la situation que vous décrivez?

_____

_____

_____

    c. Quel serait le résultat des solutions que vous proposez?

_____

_____

_____

    d. Comment pourrait-on critiquer vos idées? Quels sont les avis contraires?

_____

_____

_____

2. Illustrez vos idées par des exemples. Vous pouvez utiliser des exemples tirés de vos expériences et de celles de vos connaissances. Vous pouvez également vous inspirer du film ou de sources externes (livres, journaux, Internet), en indiquant bien vos références, bien sûr. N'oubliez pas que vos propres idées et arguments doivent être au centre de votre travail. Notez vos exemples.

_____

_____

_____

C. Réfléchissez à la langue

1. Faites du "remue-méninges" *(brainstorming)*. Revoyez le vocabulaire de **Votre dictionnaire personnel** et notez les mots et expressions qui pourront vous aider à exprimer vos pensées.

_____

_____

_____

2. Si vous avez besoin de vocabulaire supplémentaire, cherchez-en dans un dictionnaire et notez-le ici avant de vous mettre à écrire.

_____

_____

_____

3. Faites attention aux temps et aux structures que vous allez utiliser.
- Pour une discussion des faits, vous écrirez au présent.
- Si vous vous servez d'une histoire spécifique pour soutenir votre thèse, vous devrez peut-être écrire au passé.
- Pour exposer vos arguments, utilisez les phrases hypothétiques (avec **si**) que vous avez étudiées dans ce chapitre.

_____

_____

_____

D. Organisez votre rédaction

Voici deux structures possibles pour votre rédaction. Choisissez-en une et faites un plan *(outline)*.

Structure 1

Paragraphe 1 (Introduction): Présentez le problème et introduisez votre/vos solution(s).

Paragraphe 2: votre premier argument; illustration

Paragraphe 3: votre deuxième argument; illustration

Paragraphe 4: votre troisième argument; illustration

Paragraphe 5 (Conclusion): Rappelez rapidement comment les solutions que vous proposez pourraient résoudre le problème et trouvez une manière élégante de terminer votre rédaction.

Structure 2

Paragraphe 1 (Introduction): Présentez le problème et introduisez votre/vos solution(s).

Paragraphe 2: vos arguments et illustrations

Paragraphe 3: contre-arguments; montrez que vous êtes conscient(e) de la complexité du sujet en expliquant quelles autres solutions on pourrait proposer.

Paragraphe 4: Réfutez ces arguments (expliquez pourquoi vos arguments sont meilleurs).

Paragraphe 5 (Conclusion): Rappelez rapidement comment les solutions que vous proposez pourraient résoudre le problème et trouvez une manière élégante de terminer votre rédaction.

Votre choix: structure _____

Décrivez brièvement ce dont vous allez parler dans chaque paragraphe.

Paragraphe 1

_____

_____

_____

Paragraphe 2

_____

_____

_____

Paragraphe 3

_____

_____

_____

Paragraphe 4

_____

_____

_____

Paragraphe 5

_____

_____

_____

E. Perfectionnez votre travail

1. Demandez à un(e) camarade de classe de lire votre rédaction et de vous faire des commentaires sur les idées, l'organisation et la langue.

2. Lisez votre travail à voix haute. Vous vous rendrez compte *(will notice)* plus facilement des problèmes d'organisation, des incohérences, des répétitions et des fautes d'inattention.

3. Faites attention aux points suivants:
   a. Les noms et les adjectifs
      - Le genre (masculin ou féminin) est-il correct?
      - Le nombre (singulier ou pluriel) est-il correct?
      - Le déterminant (article défini, indéfini, partitif, etc.) est-il approprié?
      - La position des adjectifs est-elle correcte (avant ou après le nom)?
   b. Les verbes
      - Sont-ils au bon mode (indicatif, subjonctif, infinitif, impératif, conditionnel)?
      - Sont-ils au bon temps (présent, imparfait, passé composé, etc.)?
      - Leur structure est-elle correcte? (par exemple, faut-il une préposition?)
      - La conjugaison est-elle correcte?
      - S'accordent-ils avec le sujet?
      - Au passé, l'accord du participe passé est-il correct?
   c. L'orthographe
      - Vérifiez l'orthographe et n'oubliez pas les accents.
   d. Le ton et le style
      - Assurez-vous que le ton est approprié pour votre sujet et pour votre lecteur.
      - Évitez les répétitions: Utilisez des synonymes et des pronoms pour remplacer les noms.
      - Évitez les phrases trop simples: Utilisez des propositions relatives.
      - Utilisez des mots de transition (**d'abord, puis, ensuite, aussi, c'est pourquoi, (mal)heureusement, ainsi/de cette façon,** etc.).

Chapitre 7

DILEMMES MORAUX ET PROBLÈMES DE SOCIÉTÉ: *La Promesse (1996)*

Usinis iNadia
www.thomsonedu.com/french:
• the subjunctive
• the past subjunctive

LES MOTS POUR LE DIRE

A. Votre dictionnaire personnel

Trouvez le vocabulaire de votre liste qui correspond aux catégories suivantes.

1. le travail et les conditions de travail

_____

_____

_____

_____

2. l'immigration et l'immigration clandestine

_____

_____

_____

3. le logement et les conditions de vie

_____

_____

_____

_____

4. la vie morale

_____

_____

_____

_____

B. Synonymes et antonymes

L'antonyme le plus proche

Trouvez le contraire. Référez-vous à la **Liste de vocabulaire** dans le manuel de classe.

___ **1.** avoir des faux papiers   **a.** se taire

___ **2.** le bien   **b.** se réconcilier

___ **3.** mentir   **c.** avouer

___ **4.** mort (adj.)   **d.** se rapprocher de quelqu'un

___ **5.** parler   **e.** être en règle

___ **6.** se détacher de quelqu'un   **f.** vivant

___ **7.** se disputer   **g.** le mal

C. Associations

Groupez les mots

Liez les groupes de mots à la catégorie qui correspond. Ensuite trouvez trois autres mots pour compléter chaque liste.

Catégories possibles		
Les accidents et les maladies	La construction	Le garage et les transports
L'administration	La criminalité	Le logement

Catégorie:

1. _____   **2.** _____   **3.** _____

un mécanicien   maltraiter   le sang

une station-service   violer   la fièvre

une pompe à   voler   un garrot
essence

_____   _____   _____

_____   _____   _____

_____   _____   _____

Catégorie:

4. _____   **5.** _____   **6.** _____

le béton	le loyer	une carte de séjour
un chantier	un meublé	un certificat de logement
un échafaudage	un taudis	un permis de travail

_____   _____   _____

_____   _____   _____

D. Donnez votre opinion

Les relations humaines

Indiquez si les mots suivants décrivent des relations humaines positives (P), malsaines (M) ou les deux selon le contexte (PM).

___ **1.** aider quelqu'un

___ **2.** empêcher quelqu'un de faire quelque chose

___ **3.** exploiter

___ **4.** le chacun pour soi

___ **5.** le chantage affectif

___ **6.** maltraiter

___ **7.** porter secours

___ **8.** se détacher

___ **9.** se rapprocher

___ **10.** tenir une promesse

___ **11.** trahir

Les comportements

Est-ce que ces phrases décrivent des comportements positifs ou négatifs à votre avis? Notez vos impressions aussi clairement que possible. Si vous hésitez, notez-le aussi.

> *Exemple:* Un fils obéit à son père.
>
> *C'est un comportement positif. L'obéissance montre le respect et l'humilité, et ce sont des qualités positives./C'est un comportement négatif. L'obéissance est une façon d'agir sans réfléchir.*

1. Un père préfère que son fils l'appelle par son prénom. Il lui fait un tatouage sur le bras. Il lui donne des cadeaux chers et de l'argent.

C'est un comportement _____

_____

2. Un jeune homme débrouillard *(resourceful)* quitte l'école à 15 ans pour devenir apprenti-mécanicien.

_____

_____

3. Un homme au chômage fait de faux papiers pour des immigrés clandestins qui travaillent au noir.

_____

_____

4. Un père chatouille son fils affectueusement et l'emmène à un karaoké pour se réconcilier avec lui.

_____

_____

5. Un homme marié père d'un bébé a des dettes de jeu et ne peut pas payer le chauffage.

_____

_____

6. Un jeune homme construit son propre go-kart et le partage avec les enfants de son quartier.

_____

_____

7. Un vieil homme fait tout pour de l'argent et n'a pas peur de mentir et de trahir les autres.

_____

_____

8. Un homme paie une prostituée pour qu'elle fasse l'initiation sexuelle de son fils.

_____

_____

9. Une mère africaine préfère les devins et les pratiques magiques aux médecins.

_____

_____

10. Une femme aide une inconnue à payer ses frais médicaux et lui donne son turban et sa carte d'identité.

_____

_____

E. Dictée

Écoutez le passage pour remplir les blancs.

Track 31

Roger participe à un réseau d'_____ (1). Il _____ (2)

des logements _____ (3) et les _____ (4)

à construire sa future maison. Son fils, Igor, est _____ (5) dans un

garage. Il manque souvent son travail pour aider Roger. Il _____ (6),

s'occupe du _____ (7), fait de faux papiers et _____ (8)

quand les inspecteurs du travail viennent _____ (9). Igor est soumis

et obéissant au début du film. Mais sa conscience se réveille quand un clandestin

_____ (10) dans un accident lui demande de faire une promesse.

AVANT LE PROCHAIN COURS

1. *La Promesse:* Visionnez le film.

2. *Manuel:* Étudiez *Le subjonctif (Introduction, Le subjonctif présent, et Le subjonctif passé)* et faites les exercices des sections **Application immédiate 1** à **3**.

PRÉPARATION À LA DISCUSSION

Avant de faire ces activités, étudiez *Emploi du subjonctif* et faites les exercices des sections **Application immédiate 4** à **7**.

Parlons de Grammaire

As the subjunctive has all but disappeared from English, American students studying the French subjunctive have trouble understanding and appreciating its contribution to the communication of thought. Whereas the indicative points to actions that have happened, do happen, or will happen in real life, the subjunctive is used to describe actions that are unreal, unrealized, or at the very least uncertain. Consider these two very different sentences:

a. J'ai perdu cinq kilos.   *I lost 10 pounds.* (indicative)
b. Il faut que je perde cinq kilos.   *I have to lose 10 pounds.* (subjunctive)

These sentences mean very different things. Thanks to the subjunctive, the French language is able to clearly mark the difference between real events and imaginary ones in a way that English often can't. Some linguistic theorists have claimed that such differences influence the way that speakers see the world.

The same observations can be made for desires and preferences.

a. Tu as appris les formes et l'emploi du subjonctif.
   You learned the forms and usage of the subjunctive. (indicative)
b. Je veux que tu apprennes les formes et l'emploi du subjonctif.
   I want you to learn the forms and usage of the subjunctive. (subjunctive)

In (a), the outcome is clear. In (b), it is much less certain, and the subjunctive rightly emphasizes this lack of certainty.

Consider, now, how the use of the infinitive differs in French from that of the subjunctive. One person's desires for another do not directly influence reality, however much we'd like them to. Fortunately, humans do have some control over their own actions, so when one expresses a desire, preference, or emotional state about oneself, it is not necessary to use the subjunctive. The infinitive is used in its place.

a. Je préfère que vous soyez à l'heure.   *I prefer you to be on time.* (subjunctive)
b. Je préfère être à l'heure.   *I prefer to be on time* (infinitive)

In (a), where there are two different subjects, the speaker's preference does not necessarily affect the outcome, but in (b), where the subjects are the same, the speaker's control makes the outcome far more certain.

A. Prononcez bien

La prononciation des verbes au subjonctif présent: *nous* et *vous*

Écoutez et répétez

Track 33

To distinguish the subjunctive from the indicative you need to pay attention to two main features. First, there is an extra vowel in the **nous** and **vous** forms of most verbs. Listen to and repeat the verb forms you hear.

Écoutez et encerclez

Track 34

Now listen to the verbs in context and circle the form you hear.

1. venez   veniez
2. tenons   tenions
3. prenez   preniez
4. allons   allions
5. devez   deviez

La prononciation des verbes au subjonctif présent: *je, tu, il/elle/on*

Écoutez et répétez

Track 35

Except for **-er** verbs and some irregular verbs, another difference between the subjunctive and the indicative is the addition of a consonant sound at the end of the **je, tu, il/elle/on** forms. Listen to and repeat the verb forms you hear.

Écoutez et encerclez

Now listen to the verbs in context and circle the form you hear.

Track 36

1. doit   doive
2. pars   partes
3. finis   finisse
4. dort   dorme
5. tais   taises
6. ment   mente
7. avertis   avertisse
8. bat   batte

B. La grammaire et le film

Igor et Roger

LES ATTENTES DE ROGER

Faites des phrases pour dire ce qu'Igor doit faire pour son père.

> *Exemple:* Il faut qu'il (collecter le loyer).
>
> *Il faut qu'il collecte le loyer.*

1. Roger veut qu'il (apporter les bonbonnes de gaz).

   _____

2. Roger s'attend à ce qu'il (aller chercher les clandestins).

   _____

3. Il faut qu'il (avertir les travailleurs quand les inspecteurs du travail arrivent).

   _____

4. Roger exige qu'il (mentir aux Roumains).

   _____

5. Roger tient à ce qu'il (l'aider à cacher la mort d'Hamidou).

   _____

LES ACTIONS D'IGOR ET LES RÉACTIONS DE ROGER

Rappelez-vous comment Roger traite Igor en associant ses réactions aux actions d'Igor.

Les actions d'Igor

____ 1. Igor a aidé son père à accueillir les clandestins.

____ 2. Igor a fait des certificats de logement.

____ 3. Igor a demandé à Nabil de donner de l'argent à Assita.

____ 4. Igor a commencé à se détacher de son père.

Les réactions de Roger

a. Roger a fait des chatouilles à Igor, l'a emmené dans un karaoké et lui a fait connaître une prostituée.

b. Roger l'a battu.

c. Roger lui a donné de l'argent.

d. Roger lui a acheté une bague.

Make sure that there is a subject change in each sentence.

Les motivations des personnages

Complétez les phrases pour indiquer ce qui motive les personnages dans les situations suivantes. Mettez les verbes au subjonctif ou à l'indicatif.

> *Exemple:* Roger klaxonne pour que son fils sorte, et le patron de la station-service dit: "Tu lui dis que c'est la dernière fois que je te laisse sortir pendant les heures de travail."
>
> a. Le patron n'est pas content qu(e)
> *Le patron n'est pas content que Roger vienne le chercher tôt.*
>
> b. Il continuera à employer Igor à condition qu(e)
> *Il continuera à employer Igor à condition qu'Igor ne parte pas avant l'heure.*

1. Quand Roger et Igor conduisent les clandestins à leur logement, Roger dit: "Belgique Beau Pays. Belgium nice country."

   a. Roger veut qu(e) _____

   b. Il ne pense pas qu(e) _____

2. Igor court sur le chantier en criant: "Les inspecteurs du travail sont là."

   a. Roger exige qu(e) _____

   b. Il faut qu(e) _____

3. Hamidou dit: "Ma femme, mon enfant—occupe-toi d'eux." Igor répond: "Je te le promets."

   a. Hamidou parle à Igor pour qu(e) _____

   b. Hamidou espère qu(e) _____

4. Roger enlève le garrot de la jambe d'Hamidou et dit: "Va chercher du sable pour mettre sur le sang."

   a. Roger est fâché qu(e) _____

   b. Il veut du sable de peur qu(e) _____

5. Roger bat son fils parce qu'il essaie d'aider Assita. Il lui dit: "Tu n'iras plus chez la négresse. Je m'en occupe, moi. Et plus jamais de tricherie entre nous."

   a. Roger n'accepte pas qu(e) _____

   b. Il craint qu(e) _____

6. Roger arrête le faux viol de Nabil et dit à Assita: "C'est la jungle ici. Tu ne vas jamais t'en sortir toute seule. En plus avec le gosse *(kid)*… Je me demande si ça ne serait pas mieux de rentrer dans ton pays."

   a. Roger a peur qu(e) _____

   b. Roger suggère qu'Assita sera en danger à moins qu(e) _____

7. Assita reçoit un faux télégramme de son mari et Roger lui dit: "Je dois justement aller en Allemagne pas loin de Cologne. Je peux te conduire jusque là."

   a. Assita est heureuse qu(e) _____

   b. Il est probable qu(e) _____

8. Assita tient son enfant malade et jette des pierres à Igor pour le chasser. Elle dit: "Vous voulez tous qu'il meure! Toi, ton père, tous les tiens!"

   a. Elle souhaite qu(e) _____

   b. Elle est méchante avec Igor bien qu(e) _____

9. Quand son fils l'enchaîne dans la station-service, Roger dit: "Igor, nom de Dieu, détache-moi!"

   a. Il est furieux qu(e) _____

   b. Il ne veut pas qu(e) _____

10. À la gare, Igor dit: "Hamidou est mort … Je voulais l'emmener à l'hôpital mais mon père n'a pas voulu … On l'a enterré derrière la maison blanche."

   a. Il est triste qu(e) _____

   b. Il dit la vérité à Assita avant qu(e) _____

C. L'intrigue

L'histoire des immigrés roumains

LES ÉVÉNEMENTS

L'épisode des immigrés roumains est un peu difficile à comprendre. Mettez les éléments suivants dans l'ordre chronologique pour expliquer ce qui s'est passé.

____ **a.** Roger apprend chez Muller que le maire doit arrêter des immigrés clandestins pour maintenir sa crédibilité. Roger dit: "Je peux peut-être en trouver quatre."

____ **b.** Quand Nabil lui dit qu'il y a quatre nouveaux Roumains dans la chambre de Nicolaï, Roger dit à son fils: "Chez Nicolaï, ils dorment à cinq depuis dimanche."

____ **c.** Igor amène les hommes dans un bar et Roger leur offre une bière.

____ **d.** Igor cherche les quatre Roumains et leur dit: "Roger vroom camionnette … et puis vous prendre bateau toot toot Amérique. 5 dollars chacun."

____ **e.** Igor attend aux toilettes et fume une cigarette.

LES EXPLICATIONS

Maintenant, liez les actions ci-dessus (a–e) aux motivations des personnages.

____ **1.** Roger veut qu'Igor aille demander de l'argent pour le logement.

____ **2.** Igor ne veut pas voir la trahison finale de ces quatre hommes.

____ **3.** Roger doit les faire attendre pour que la police puisse les arrêter.

____ **4.** Roger veut qu'Igor fasse croire aux Roumains qu'ils vont aux États-Unis.

____ **5.** Roger a décidé de vendre les quatre hommes qu'il a trouvés chez Nicolaï à la police.

Avant de faire ces activités, étudiez *Subjonctif ou infinitif?* et faites les exercices des sections **Application immédiate** 8 à 12.

POUR ALLER PLUS LOIN

A. La grammaire et le film

La perspective d'Assita

Mettez le verbe au subjonctif passé ou présent pour indiquer si les sentiments d'Assita ont rapport à une action passée ou à une situation présente.

1. Je suis triste que mon mari _____ (mourir).

2. Je regrette que mon enfant _____ (ne pas avoir) de père.

3. Il est incroyable qu'Igor _____ (me mentir).

4. Je ne suis pas certaine qu'Igor _____ (comprendre) ce qu'il a fait.

5. Je doute que mon enfant et moi _____ (pouvoir) rester en Europe.

Les réactions des personnages

L'INDICATIF OU LE SUBJONCTIF?

Mettez le verbe au temps convenable de l'indicatif ou du subjonctif.

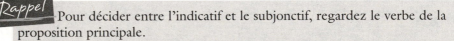

> *Rappel* Pour décider entre l'indicatif et le subjonctif, regardez le verbe de la proposition principale.
>
> Suggestion: Pour choisir le temps: Si l'action de la proposition subordonnée est antérieure à celle de la proposition principale, utilisez le passé.

1. Quand ils sont passés sur le chantier, les inspecteurs ont été étonnés qu'Igor

_____ (ne pas être) au travail ou au lycée.

2. Le patron en a assez qu'Igor lui _____ (dire): "Il faut que

j'y _____ (aller)..." chaque fois que Roger vient le chercher au travail.

3. Assita est surprise que son mari _____ (disparaître) à cause de ses dettes de jeu.

4. Roger a peur qu'Assita _____ (aller) signaler la disparition d'Hamidou au commissariat de police.

5. Igor craint que son père (ne) le _____ (battre) et qu'il

_____ (vendre) Assita comme prostituée s'il découvre qu'il s'est caché au garage avec elle.

6. Assita ne croit pas qu'Hamidou _____ (partir). Elle est cer-

taine qu'il _____ (revenir).

L'INFINITIF OU LE SUBJONCTIF?

Combinez les deux phrases avec l'infinitif ou **que** + subjonctif selon le cas.

Rappel Pour décider entre l'infinitif et le subjonctif, vérifiez si les sujets des deux phrases sont différents ou non.

1. Roger est furieux. Son fils l'a enchaîné.

_____

2. Roger a peur. Igor le dénonce à la police.

_____

3. Igor est soulagé *(relieved)*. Il a dit la vérité à Assita.

_____

4. Igor est triste. Il découvre la vraie nature de son père.

_____

5. Roger ne regrette pas. Il trahit les clandestins.

_____

Les coutumes ancestrales

Associez les pratiques qui apparaissent dans le film et leur signification. Puis combinez les deux phrases en utilisant **pour** ou **pour que**.

Exemple: Il faut consulter un devin.

On connaît la vérité.

*Il faut consulter un devin **pour connaître** la vérité.*

____**1.** Il est recommandé de masser son bébé avec une crème spéciale (à base de nid d'oiseau).

    a. On guérit.

____**2.** Il faut tuer une poule et analyser ses entrailles.

    b. Les mauvais esprits s'éloignent d'un nouveau logement.

____**3.** Il faut mettre un fétiche dans son logement.

    c. On apprend où se trouve une personne disparue.

____**4.** Il faut faire tremper des racines dans de l'eau et se laver avec cette eau.

    d. Le logement est protégé.

____**5.** Il faut souffler sur du sable, le verser par terre, et l'examiner.

    e. On sait si une personne est encore en vie.

_____

_____

_____

_____

B. Donnez votre opinion

Imaginez la suite

Imaginez une suite possible de l'histoire. Utilisez les débuts de phrases suivants et, dans le deuxième blanc, conjuguez le verbe donné dans la phrase à l'indicatif ou au subjonctif.

Il est possible qu(e)	Je doute qu(e)	Il est probable qu(e)
Il se peut qu(e)	Il est certain qu(e)	Je ne pense pas qu(e)

1. Roger change d'attitude. → _____ que Roger _____ d'attitude.

2. Assita reste avec Igor. → _____ qu'Assita _____ avec Igor.

3. Assita part en Afrique. → _____ qu'Assita _____ en Afrique.

4. Roger va en prison. → _____ que Roger _____ en prison.

5. Igor obéit à son père. → _____ qu'Igor _____ à son père.

Votre opinion sur le film

Complétez les phrases pour indiquer vos réactions au film.

1. Je suis content(e) qu(e) _____

2. J'aurais préféré qu(e) _____

3. Je pense qu(e) _____

4. On est triste qu(e) _____

5. Il est certain qu(e) _____

6. Les spectateurs savent qu(e) _____

7. Il est regrettable qu(e) _____

8. Il est probable qu(e) _____

PRÉPARATION À LA LECTURE

A. Les renseignements culturels. La presse française

Dans ce manuel, vous avez lu des articles et des comptes-rendus de films parus dans la presse, et vous êtes donc familier(-ière) avec les noms de quelques journaux et magazines. Les activités qui suivent vont vous informer davantage sur la presse française et vous préparer à lire les titres, sous-titres, et éditoriaux qui constituent la lecture de ce chapitre.

1. Visitez **http://www.thomsonedu.com/french/sequences** pour trouver des liens qui vous aideront à répondre aux questions suivantes.

   a. Regardez les noms des quotidiens nationaux *(national dailies)* et des périodiques. Lesquels avez-vous rencontrés dans *Séquences?*

   b. Quel est le journal quotidien *(daily)* national le plus populaire? Quel type de journal est-ce?

   c. Cliquez sur deux noms de quotidiens ou de périodiques qui vous attirent et regardez les titres de la une (la première page d'un journal ou magazine). Quel article vous semble intéressant? De quoi va-t-il parler?

   Nom du quotidien ou périodique numéro 1: _____

   Titre de l'article qui a attiré votre attention: _____

   Sujet probable de cet article: _____

   Nom du quotidien ou périodique numéro 2: _____

   Titre de l'article qui a attiré votre attention: _____

   Sujet probable de cet article: _____

2. Visitez **http://www.thomsonedu.com/french/sequences** pour trouver les liens des journaux suivants: *La Croix, L'Humanité,* et *Le Monde.* Quelles différences remarquez-vous dans le choix et la présentation des informations? Remarquez le nombre de photos, les couleurs, et le contenu des articles.

   _____

   _____

   _____

   _____

B. Le vocabulaire de la lecture

Les mots apparentés

Grâce au vocabulaire que vous connaissez déjà, devinez le sens des mots de la troisième colonne.

	Mot connu	Traduction anglaise	Mot apparenté	Traduction anglaise
1.	noter	*to note*	notamment	
2.	cesser	*to cease*	incessant(e)	
3.	vieux (vieille)	*old*	vieillissant(e)	
4.	prendre	*to take*	un preneur	
5.	un groupe	*a group*	un regroupement	
6.	l'Occident	*the West*	occidental(e)	
7.	dur(e)	*hard*	durci(e)	
8.	lent(e)	*slow*	ralenti(e)	
9.	un pillage	*a plunder*	piller	

Les mots dans leur contexte

Identifiez les problèmes et les solutions. Organisez le vocabulaire de la boîte suivante en inscrivant chaque mot ou groupe de mots sous la rubrique à laquelle il appartient.

approche punitive	clandestin	criminaliser
dresser une barrière matérielle	fermer ses portes	intégration difficile
	main d'œuvre illégale	projet de loi
loi répressive	quotas	sanctionner pénalement
projet de réforme	travail au noir	
sans-papiers		

Problèmes liés à l'immigration

1. _____ *clandestin* _____

2. _____

3. _____

4. _____

5. _____

Réponses politiques aux problèmes

1. _____ *approche punitive* _____

2. _____

3. _____

4. _____

5. _____

6. _____

7. _____

8. _____

9. _____

C. Donnez votre opinion

L'immigration

Encerclez la réponse qui exprime le mieux votre attitude. Soyez prêt(e) à défendre votre position.

1. L'immigration continuera quoi qu'on fasse *(whatever we do)*.

   Entièrement d'accord   *Plus ou moins d'accord*   *Pas d'accord*

2. On ne doit laisser entrer que des immigrés utiles à l'économie.

   Entièrement d'accord   *Plus ou moins d'accord*   *Pas d'accord*

3. L'intégration des immigrés est un grave problème aux États-Unis.

   Entièrement d'accord   *Plus ou moins d'accord*   *Pas d'accord*

4. Le gouvernement doit régulariser *(regulate)* la situation des travailleurs clandestins.

   Entièrement d'accord   *Plus ou moins d'accord*   *Pas d'accord*

5. Le gouvernement doit sanctionner pénalement l'immigration clandestine.

   Entièrement d'accord   *Plus ou moins d'accord*   *Pas d'accord*

6. L'immigration aggrave *(makes worse)* la situation des pays sous-développés.

   Entièrement d'accord   *Plus ou moins d'accord*   *Pas d'accord*

7. Les entreprises et individus qui emploient des immigrés clandestins doivent être traduits en justice *(brought to justice)*.

    Entièrement d'accord   *Plus ou moins d'accord*   *Pas d'accord*

8. L'immigration clandestine continue aux États-Unis parce que nous avons besoin de travailleurs.

    Entièrement d'accord   *Plus ou moins d'accord*   *Pas d'accord*

"L'immigration choisie"

Un des éditoriaux que vous allez lire parle de "l'immigration choisie." Cela signifie que le pays d'accueil *(host country)* choisit ses immigrants. Selon vous, quels critères faudrait-il utiliser pour faire ce choix?

> *Exemple:* *Il vaut mieux que l'immigrant(e) ait une famille.*
>
> *Il/Elle pourra s'intégrer (will be able to assimilate) plus facilement.*

Critères possibles

l'éducation

la langue

le pays d'origine

la personnalité

les qualifications professionnelles

la situation familiale (célibataire, marié[e], avec/sans enfant[s])

---

1. Il est préférable qu(e) _____

2. Il est nécessaire qu(e) _____

3. Il vaut mieux qu(e) _____

4. Il est important qu(e) _____

5. Il serait bon qu(e) _____

D. La lecture

Parcourez les éditoriaux dans le manuel de classe.

Système-D 4.0

> Le courrier des lecteurs is an open forum found in magazines and newspapers, much like *Dear Abby*.

PRÉPARATION À L'ÉCRITURE

Dans ce chapitre, vous allez écrire une lettre. La lettre est une forme d'écriture qui peut communiquer des pensées et émotions complexes de façon subtile et émouvante.

A. Choisissez un sujet

1. Lisez une lettre

Avant de choisir un sujet spécifique, inspirez-vous d'une lettre qu'Igor aurait pu écrire *(could have written)* au courrier des lecteurs après la mort d'Hamidou.

> Au courrier des lecteurs,
>
> Je m'appelle Igor. Récemment j'ai quitté l'école pour devenir apprenti-mécano. Le travail me plaisait assez, mais j'étais souvent absent parce qu'il fallait que j'aide mon père. Alors, j'ai perdu mon travail.
>
> Mon père est chômeur, comme de nombreuses personnes dans cette ville, mais il se débrouille pour trouver de l'argent. Il loue des chambres à des clandestins et les fait travailler au noir sur un chantier. Quand ils se blessent, il refuse de les emmener à l'hôpital.
>
> Roger (c'est comme ça que j'appelle mon père) me dit toujours que tout ce qu'il fait, il le fait pour moi, pour qu'on puisse payer notre maison. Mais je ne peux plus supporter sa malhonnêteté, ses mensonges, et ses tricheries. Je ne veux plus participer au malheur des autres. Je n'ai que quinze ans et je suis déjà dégoûté de la vie. Je me sens de plus en plus isolé et je ne vois pas de solution.

2. Choisissez un sujet de lettre

Maintenant c'est à vous d'écrire. Choisissez un sujet dans cette liste.

- une réponse à la lettre d'Igor
- une nouvelle lettre au courrier des lecteurs, écrite par un clandestin
- une lettre de Roger à son fils cinq ans après la mort d'Hamidou
- une lettre d'Assita à sa communauté du Burkina Faso

B. Réfléchissez au contenu

Dans une lettre, on communique de façon assez directe avec une personne ou un groupe de personnes avec qui on a une relation précise. Pour vous préparer à écrire, imaginez d'abord la (les) personne(s) à qui vous vous adressez. Considérez les points suivants:

1. **Le sujet de la lettre:** Est-ce que votre correspondant(e) connaît bien le sujet de votre lettre? Que devez-vous lui apprendre en écrivant? Qu'est-ce qu'il (elle) sait déjà sur ce sujet? A-t-il (elle) des idées préconçues *(preconceived notions)* que vous devez corriger?

2. **L'attitude:** Cherchez-vous à changer les perceptions et attitudes de cette personne? Comment pensez-vous le faire? Suffit-il d'informer ou devez-vous chercher à émouvoir aussi?

3. **La relation:** Quel rapport avez-vous avec votre correspondant(e)? Est-ce une personne qui vous aime et vous respecte? Avez-vous de l'influence sur cette personne? Allez-vous le (la) tutoyer ou le (la) vouvoyer? Si votre correspondant(e) ne vous connaît pas, pour quelles raisons est-ce qu'il (elle) vous lira et vous croira? Comment allez-vous le (la) toucher et/ou le (la) convaincre?

C. Réfléchissez à la langue

Pour réaliser les buts *(achieve the goals)* de votre lettre, inspirez-vous du vocabulaire, de la grammaire, et des aspects culturels que vous avez étudiés dans le contexte de *La Promesse*. Pour exprimer vos émotions, vos désirs et vos doutes, et pour nuancer vos idées, n'oubliez pas d'utiliser le subjonctif quand c'est nécessaire.

1. **Les émotions:** Montrez votre compassion et votre humanité. Que ressentez-vous? Quels aspects de la situation vous rendent triste/heureux(-euse) ou vous font peur?

2. **Les désirs:** Quelles actions conseillez-vous? Que souhaitez-vous qu'on fasse dans la situation que vous présentez?

3. **Le doute:** Êtes-vous certain(e) de ce que vous dites ou avez-vous quelques doutes? Quelles incertitudes devez-vous annoncer?

4. **Les nuances:** De quelles conjonctions pouvez-vous vous servir pour mieux exprimer les actions et attitudes que vous proposez à votre correspondant(e)?

D. Organisez votre rédaction

1. Utilisez une salutation appropriée (**Cher Igor, Chers amis,** etc.).

2. Présentez votre sujet graduellement; montrez d'abord que vous vous intéressez à votre correspondant(e).

3. Organisez l'information en fonction de vos buts (*goals*) et de votre correspondant(e).

4. Ne terminez pas votre lettre de manière abrupte. Choisissez une formule de politesse dans la liste ci-dessous.

Vocabulaire utile

Je t'embrasse/Grosses bises: *Love*
Cordialement: *Cordially*
Bien à vous: *Yours*

E. Perfectionnez votre travail

1. Demandez à un(e) camarade de classe de lire votre rédaction et de vous faire des commentaires sur les idées, l'organisation, et la langue.

2. Lisez votre travail à voix haute. Vous vous rendrez compte plus facilement des problèmes d'organisation, des incohérences, des répétitions, et des fautes d'inattention.

3. Faites attention aux points suivants:
   a. Les noms et les adjectifs
      - Le genre (masculin ou féminin) est-il correct?
      - Le nombre (singulier ou pluriel) est-il correct?
      - Le déterminant (article défini, indéfini, partitif, etc.) est-il approprié?
      - La position des adjectifs (avant ou après le nom) est-elle correcte?
   b. **Tu** ou **vous**?
      - Utilisez-vous le pronom correct de façon consistante dans toute la rédaction?
      - Est-ce que vos adjectifs possessifs (**ton, ta, tes, votre, vos**) s'accordent avec le pronom que vous avez choisi?
   c. Les verbes
      - Sont-ils au bon mode (indicatif, subjonctif, infinitif, impératif, conditionnel)?
      - Sont-ils au bon temps (présent, imparfait, passé composé, etc.)?
      - Leur structure est-elle correcte? (par exemple, faut-il une préposition?)
      - La conjugaison est-elle correcte?
      - S'accordent-ils avec le sujet?
      - Au passé, l'accord du participe passé est-il correct?

d. L'orthographe
  • Vérifiez l'orthographe et n'oubliez pas les accents.
e. Le ton et le style
  • Assurez-vous que le ton est approprié pour votre sujet et pour votre correspondant(e).
  • Évitez les répétitions: Utilisez des synonymes et des pronoms pour remplacer les noms; variez les structures.
  • Évitez les phrases trop simples: Utilisez des propositions relatives et des conjonctions (**pour que, bien que,** etc.).
  • Utilisez des mots de transition (**d'abord, puis, ensuite, aussi, c'est pourquoi, [mal]heureusement, ainsi/de cette façon,** etc.).

Chapitre 8

DIVERTISSEMENT: *Le Dîner de cons*

Heinle iRadio
www.thomsonedu.com/french:
- the subjunctive
- the past subjunctive
- compound past tenses
- the conditional
- the past conditional
- interrogatives
- le passé simple

LES MOTS POUR LE DIRE

A. Votre dictionnaire personnel

Trouvez le vocabulaire de votre liste qui correspond aux catégories suivantes.

1. les passe-temps et les sports

_____

_____

_____

_____

2. les situations amusantes ou embarrassantes

_____

_____

_____

_____

3. les relations humaines

_____

_____

_____

_____

4. le téléphone

_____

_____

_____

_____

B. Synonymes et antonymes

Le synonyme le plus proche

Trouvez l'équivalent. Référez-vous à la **Liste de vocabulaire** et au **Vocabulaire familier.**

___	**1.** ressentir	**a.** se payer la tête (de)
___	**2.** se tromper	**b.** construire
___	**3.** se moquer (de)	**c.** éprouver
___	**4.** fabriquer	**d.** faire boomerang
___	**5.** se retourner	**e.** faire une bêtise (contre)

L'antonyme le plus proche

Trouvez le contraire. Référez-vous à la **Liste de vocabulaire** et au **Vocabulaire familier.**

___	**1.** décrocher	**a.** tromper
___	**2.** un imbécile	**b.** se moquer (de)
___	**3.** être fidèle	**c.** raccrocher
___	**4.** s'ennuyer	**d.** un crac
___	**5.** encourager	**e.** se régaler

C. Associations

Groupez les mots

Associez le nom de la colonne de gauche avec un verbe de la colonne de droite.

___	**1.** éditeur	**a.** encourager
___	**2.** romancière	**b.** soigner
___	**3.** supporter	**c.** financer
___	**4.** acteur	**d.** construire
___	**5.** réceptionniste	**e.** écrire
___	**6.** médecin	**f.** décrocher
___	**7.** productrice	**g.** avoir le trac
___	**8.** amateur de maquettes	**h.** publier

La réponse appropriée

Trouvez la réaction appropriée pour les situations suivantes.

___ **1.** Vous ne voulez pas répondre à une
question indiscrète.

a. J'en peux plus.

___ **2.** Vous ne savez pas qui vous parle au
téléphone.

b. Ça ne te regarde pas.

___ **3.** Vous vous attendez à une soirée très
agréable.

c. Qui est à l'appareil?

___ **4.** Vous trouvez que quelqu'un n'est pas
très intelligent.

d. C'est bien fait pour toi

___ **5.** Vous n'avez pas beaucoup de pitié pour
quelqu'un qui a des ennuis.

e. On va se régaler.

___ **6.** Vous passez une soirée désastreuse.

f. C'est pas une lumière.

D. Dictée

Track 38

Écoutez le passage pour remplir les blancs.

Juste raconte les malheurs de son ami Pierre

Mon ami Pierre a voulu _____ (1) d'un pauvre imbécile à

un de ses dîners de cons mais la situation _____ (2) contre lui.

Pour commencer sa soirée, il _____ (3), et puis sa femme

_____ (4). Mais tout cela _____ (5)

de vouloir _____ (6) d'un imbécile. Il a invité François Pignon

chez lui. C'est _____ (7) qui fabrique des maquettes avec des

allumettes. Comme Pierre lui _____ (8) avec son tour de reins

et son _____ (9), François a voulu l'aider mais il était si bête

qu'il _____ (10) la situation. C'était bien fait pour Pierre!

AVANT LE PROCHAIN COURS

1. *Le Dîner de cons:* Visionnez le film.

2. *Manuel:* Révisez *La forme interrogative* (pages 235–243).

Avant de faire ces activités, révisez *Le passé composé et l'imparfait* et *Le plus-que-parfait* (pages 245–259, *Manuel*), *Le conditionnel* (pages 304–307, *Manuel*), *Les pronoms compléments d'objet direct*, *Les pronoms compléments d'objet indirect*, *Le pronom y*, et *Le pronom en* (pages 287–298, *Manuel*).

PRÉPARATION À LA DISCUSSION

A. Prononcez bien

Le français parlé et le *e* instable

Understanding spoken French will become easier as you become accustomed to the disappearance of the unaccented **e** both within words and within word strings. As a general rule, any unaccented **e** within an unstressed syllable is likely to disappear in conversation. Listen to the pronunciation of the following words and note the disappearance of the unaccented **e**.

> *appeler   enlever   médecin   samedi   soutenir*

There are also nine common words in French that end in an unaccented **e**. You know them already as the words that elide with a following vowel. They are:

> *je   te   me   le   ne   se   ce   que   de*

In spoken French, the unaccented **e** also tends to disappear, and your listening comprehension will improve quite a bit if you train your ear to hear the reduced forms.

Listen to the pronunciation of the following sentence and note the disappearance of the unaccented **e**.

> *Je   ne   te   le   dirai   pas.*

Track 40

Écoutez et répétez

1. Il ne me le demandera pas.
2. Je t'ai dit qu'il ne te le donnerait pas.
3. Appelons-le samedi, ce sera plus simple.
4. Vous appelez de la part de qui?
5. Est-ce que je peux le refaire samedi après le dîner?
6. Je me suis longtemps demandé si tu devais le savoir.
7. Ça ne te regarde pas.
8. Mon petit ami me le dit.
9. Ce sera difficile si tu ne le fais pas tout de suite.
10. Ce qui m'embête, c'est qu'il ne me l'a même pas demandé.

Track 41

Écoutez et encerclez

Circle the word string that you hear in the following sentences.

1. je le   je te le
2. je le   je ne le
3. je te   je te le
4. nous te le   nous le
5. elle ne le   elle le
6. ce qu'il   qu'il le
7. de le refaire de le faire
8. ne me le   ne le
9. ne te le   ne le
10. de te le   de le

B. La grammaire et le film

Une découverte pénible

Comment est-ce que François a appris qu'il était invité à un dîner de cons? Mettez les verbes au passé (passé composé, imparfait, et plus-que-parfait) pour raconter la séquence.

Pierre apprend que Christine est à l'hôpital (1). Il demande à François de partir mais François reste (2). Le téléphone sonne mais Pierre ne répond pas parce qu'il se prépare à partir (3). François entend la voix de Marlène sur le répondeur (4). Elle est bouleversée et elle dit qu'elle a vraiment besoin de parler (5). François répond au téléphone (6). Marlène lui raconte toutes les mauvaises actions que Pierre a faites dans le passé (7). Elle lui demande s'il sait que Pierre invite de pauvres malheureux à des dîners de cons (8). François comprend tout de suite (9).

Avant de faire cet exercice, révisez *Le passé composé, L'imparfait, Le plus-que-parfait* et **Application immédiate 4** et 5 (pages 245–260, *Manuel*).

1. *Pierre a appris que Christine était à l'hôpital.* _____

2. _____

3. _____

4. _____

5. _____

6. _____

7. _____

8. _____

9. _____

Mettez-vous à leur place

Que feriez-vous à la place des personnages du film? Remplacez les mots en italique par le pronom approprié.

Exemple: Pierre veut aller *au dîner de cons.*

   À sa place je voudrais y aller aussi./À sa place je ne voudrais pas y aller.

Avant de faire cet exercice, révisez *La formation du conditionnel présent, L'emploi du conditionnel présent,* et **Application immédiate 4 à 6** (pages 304–306, *Manuel*). Révisez aussi *Les pronoms compléments d'objet direct, Les pronoms compléments d'objet indirect, Le pronom y, Le pronom en,* et **Application immédiate 1, 2, 3, 6** et **7** (pages 289–297, *Manuel*).

1. Christine quitte *son mari.*

_____

2. François est content d'aller *au dîner.*

_____

3. François parle *de ses problèmes de couple.*

_____

4. Juste aide *Pierre* à retrouver *Christine.*

_____

5. Marlène téléphone *à Pierre* pour lui reprocher son attitude.

_____

6. Pierre accepte *l'aide de François.*

_____

7. Pierre met *du vinaigre* dans son vin.

_____

8. Christine ne va pas *à son rendez vous avec Meneaux.*

_____

Hypothèses

Avant de faire cet exercice, révisez *La formation du conditionnel passé* (pages 306–307, *Manuel*).

Pierre aurait pu éviter cette soirée désastreuse mais il n'a pas voulu écouter ses amis et il a dû en subir les conséquences. Complétez les phrases avec le conditionnel passé.

Exemple: Si Pierre n'avait pas joué au golf (il n'a pas un tour de reins).

Si Pierre n'avait pas joué au golf, il n'aurait pas eu un tour de reins.

1. Si Pierre était resté avec sa femme (elle ne le quitte pas).

_____

2. Si Pierre avait écouté Sorbier (il évite beaucoup de problèmes).

_____

3. Si Pierre n'avait pas demandé à François de virer Marlène (François ne se trompe pas).

_____

4. Si Pierre n'avait pas voulu retrouver sa femme (Juste n'est pas conscient des problèmes de Pierre).

_____

5. Si Pierre n'avait pas eu besoin de l'adresse de Meneaux (le contrôleur fiscal ne vient pas chez lui).

_____

C. L'intrigue

Les vengeances de François Pignon

À un moment du film, Pierre dit à François qu'il a vengé tous les "cons" du monde.

Arrangez les "vengeances" de François dans l'ordre chronologique.

_____ Il répond au téléphone chez Pierre après avoir dit à Christine qu'il appelait d'une cabine téléphonique.

_____ Il tombe sur Pierre et aggrave son tour de reins.

_____ Il se trompe de numéro en appelant le médecin.

_____ Il invite un contrôleur fiscal à entrer dans l'appartement luxueux de Pierre.

_____ Il éloigne la femme de Pierre car il croit que c'est sa maîtresse.

_____ Il sert le dîner et interrompt Cheval au moment où il est prêt à donner l'adresse du séducteur.

_____ Il répond au téléphone et parle à Marlène.

_____ Au moment où il fait semblant d'être un producteur belge, il oublie la raison pour laquelle il a appelé et n'apprend rien à propos de Christine.

_____ Quand Marlène arrive chez Pierre, il lui répète les mots peu flatteurs dont Pierre s'est servi pour la décrire.

_____ Il se trompe de porte et amène le contrôleur fiscal dans la chambre où Pierre avait caché ses objets de luxe.

POUR ALLER PLUS LOIN

A. Imaginez des situations

Questions pour un champion

Vous rencontrez un homme qui collectionne les cravates et vous croyez avoir trouvé un bon candidat pour un dîner de cons. Voilà les questions que vous souhaitez lui poser. Traduisez-les en français.

> Avant de faire les exercices de cette section, révisez *Le subjonctif présent, Le subjonctif passé, Emploi du subjonctif* et *Subjonctif ou infinitif?* (pages 312–325, **Manuel**).

1. How long have you been collecting ties?

_____

> Avant de faire cet exercice, révisez *La forme interrogative* (pages 235–243, **Manuel**).

2. How many ties do you have?

_____

3. Why are you interested in ties?

_____

4. What do you do with your ties?

_____

5. What's your favorite tie?

_____

6. Where did you get it?

_____

7. Would you like to come to dinner on Wednesday night?

_____

Conseils pour organiser un dîner de cons

CE QU'IL FAUT FAIRE: LE SUBJONCTIF

Combinez les deux phrases pour exprimer vos conseils et vos opinions.

> _Exemple:_ Je ne pense pas que… (C'est une bonne idée.)
>
> _Je ne pense pas que ce soit une bonne idée._

1. Il faut que… (Vous trouvez un con.)

_____

2. Il ne faut pas que… (Cette personne sait pourquoi vous l'invitez.)

_____

3. Il vaut mieux que… (Votre invité[e] a un passe-temps étrange.)

_____

4. Il est nécessaire que… (Votre invité[e] veut parler de son passe-temps.)

_____

5. Je suggère que… (Vous prenez le temps de lui parler avant le dîner.)

_____

CE QUI PEUT ARRIVER: L'INDICATIF OU LE SUBJONCTIF?

Faites attention au verbe principal pour déterminer si le verbe de la proposition subordonnée doit être à l'indicatif ou au subjonctif.

1. Il est probable que… (Vous avez du mal à trouver un con.)

_____

2. Il se peut que… (Vos amis sont choqués.)

_____

3. Il est possible que… (Le con apprend ce que vous avez fait.)

_____

(sidebar 1) Avant de faire cet exercice, révisez _Le subjonctif présent_ (_Formation_ et **Application immédiate** 1) et _Emploi du subjonctif_ (_Emploi du subjonctif après certains verbes_ et **Application immédiate 4 et 5**) (pages 312–318, _Manuel_).

(sidebar 2) Avant de faire cet exercice, révisez _Subjonctif présent et indicatif présent et futur_ et **Application immédiate 2** (pages 312–315, _Manuel_); _Emploi du subjonctif_ (_Emploi du subjonctif après certains verbes_, sections 1 et 4 et **Application immédiate 5**) (pages 316–318, _Manuel_).

4. Il est certain que… (La conversation n'est pas ordinaire.)

_____

5. Il n'est pas certain que… (Vous pouvez vous débarrasser *(to get rid of)* de votre invité[e].)

_____

LES RÉACTIONS DE VOS AMIS: L'INFINITIF OU LE SUBJONCTIF?

Faites deux phrases en combinant la proposition principale avec les propositions subordon-nées a et b. Décidez si vous devez utiliser l'infinitif ou le subjonctif en faisant attention aux sujets des deux propositions.

Avant de faire cet exercice, revisez *subjonctif ou infinitif ? (Emploi du subjonctif ou de l'infinitif; Structure de la proposition infinitive,* sections 1, 2, 3 et **Application immédiate 9** et **10**) (pages 321–324, *Manuel*).

   Exemple: J'ai peur…

         a. Vous êtes embarrassé(e) pendant le dîner.

         J'ai peur que vous soyez embarrassé(e) pendant le dîner.

         b. Je suis embarrassé(e) pendant le dîner.

         J'ai peur d'être embarrassé(e) pendant le dîner.

1. Je suis triste…
   a. Vous vous moquez des malheureux.

   _____

   b. J'apprends que vous vous moquez des malheureux.

   _____

2. Je ne veux pas…
   a. Votre invité(e) vient au dîner.

   _____

   b. Je viens au dîner.

   _____

3. Je n'aime pas…
   a. Vous allez à ce genre de dîner.

   _____

   b. Je vais à ce genre de dîner.

   _____

B. Donnez votre opinion

Votre opinion du film

Avant de faire cet exercice, révisez *Le subjonctif passé, Emploi du subjonctif (Emploi du subjonctif après certains verbes)*, et *Subjonctif ou infinitif?* (pages 315–325, *Manuel*).

Complétez les phrases avec la forme du verbe appropriée—au subjonctif, à l'indicatif ou à l'infinitif selon le cas. Inspirez-vous de ces suggestions ou exprimez vos propres idées.

> Je n'ai pas compris tous les dialogues.
>
> Pignon s'est vengé de Brochant.
>
> Brochant s'est beaucoup moqué de Marlène.
>
> Daniel Prévost [qui joue Lucien Cheval] a reçu un César.
>
> Jacques Villeret [qui joue François Pignon] est mort.
>
> Nous avons étudié ce film.
>
> On n'a pas fait de remake du film.
>
> Jacques Villeret jouait très bien.

1. Je suis heureux(-euse) qu(e) _____

2. Je regrette _____

3. Je ne suis pas surpris(e) _____

4. Il est certain qu(e) _____

5. Il est dommage qu(e) _____

6. Je suis déçu(e) *(disappointed)* _____

La suite de l'histoire

Avant de faire cet exercice, révisez *Le passé composé, L'imparfait*, et *Le plus-que-parfait* et **Application immédiate 4 et 5** (pages 245–259, *Manuel*).

Une semaine après la fin du film, que s'est-il passé dans la vie de Pierre? Est-ce que Christine est revenue? Est-ce que Cheval a créé des problèmes pour Pierre? Est-ce que Pierre a pu se débarrasser de François? Que s'est-il passé dans les vies de Marlène et de Juste?

Réfléchissez à ces questions et incorporez vos réponses dans un paragraphe au passé.

_____

_____

_____

_____

_____

_____

_____

_____

PRÉPARATION À LA LECTURE

A. Les renseignements culturels. Portraits d'acteurs et de chanteurs

1. Dans ce chapitre, vous allez lire deux textes concernant Jacques Villeret, l'acteur qui joue François Pignon: un article biographique et une interview. Pour vous préparer à ce genre de texte et améliorer votre connaissance du cinéma francophone, faites une recherche sur un acteur ou une actrice que vous avez vu(e) dans un film de *Séquences*. Choisissez une des personnes suivantes, cherchez des informations sur elle sur le site **http://www.thomsonedu.com/french/sequences** et notez ce que vous avez trouvé.

   Daniel Auteuil (François Pignon, *Le Placard*)

   Jean-Pierre Bacri (Monsieur Castella, *Le Goût des autres*)

   Catherine Deneuve (Éliane Devries, *Indochine*)

   Thierry Lhermitte (Pierre Brochant, *Le Dîner de cons*)

   Jérémie Renier (Igor, *La Promesse*)

   Audrey Tautou (Martine, *L'Auberge espagnole*)

   Personne choisie: _____

   Informations:

   • la date et le lieu de sa naissance

   _____

   • son premier film

   _____

   • son dernier film

   _____

   • l'élément de sa biographie que vous trouvez le plus intéressant

   _____

   • les prix qu'il/elle a reçus

   _____

2. Vous allez lire une interview de Jacques Villeret, dans laquelle il mentionne ses chanteurs préférés. Choisissez un de ces chanteurs et faites une recherche sur Internet en tapant le nom du chanteur pour trouver des informations le concernant. Notez ces informations.

   Georges Brassens

   Jacques Brel

   Jacques Dutronc

   Léo Ferré

   Serge Gainsbourg

   Charles Trenet

   Personne choisie: _____

Informations:

- la date et le lieu de sa naissance

  _____

- le titre d'une chanson célèbre

  _____

- une caractéristique des chansons qu'il a écrites et/ou interprétées

  _____

- l'élément de sa biographie que vous trouvez le plus intéressant

  _____

- les prix qu'il a reçus

  _____

Parlons de Grammaire

Recognizing literary tenses: *Le passé simple*

The French language has four literary tenses that are used predominantly in written texts. This may seem a bit strange to you at first but, if you think about it, you'll realize that all languages, including English, have different forms for written and spoken texts. Think of the English words ***moreover, whomsoever,*** of uncontracted forms such as ***would have done,*** or of the subjunctive, as in ***provided he go.*** These forms are rarely used in speaking.

In the obituary of Jacques Villeret that you will read, you will encounter examples of the most common of these literary tenses, which is called the *passé simple.*

As a general rule, the *passé simple* is used in place of the *passé composé* in literary and historical texts. It marks a strong disconnection with the present either because the subject of the text is no longer living or because the author wishes to mark a strong distinction between the world of his/her text and the world as we know it. The English translations are often the same.

Passé composé	**Passé simple**
il a mangé *(he ate, he did eat, he has eaten)*	il mangea *(he ate)*
elles sont allées *(they went, they did go, they have gone)*	elles allèrent *(they went)*
elle s'est levée *(she got up, she did get up, she has gotten up)*	elle se leva *(she got up)*

Because you never have to use these tenses when speaking French, it is enough to recognize their meaning when you find them in a text and to understand that they indicate a simple past action. Recognizing their meaning should not be a problem since, with a few exceptions, they do not look significantly different from the forms of the verbs you already know.

Regular verbs in the *passé simple*

The *passé simple* of regular verbs is formed from the stem of the infinitive plus the endings shown below.

parler

je parl**ai**	nous parl**âmes**
tu parl**as**	vous parl**âtes**
il/elle/on parl**a**	ils/elles parl**èrent**

finir

je fin**is**	nous fin**îmes**
tu fin**is**	vous fin**îtes**
il/elle/on fin**it**	ils/elle fin**irent**

répondre

je répond**is**	nous répond**îmes**
tu répond**is**	vous répond**îtes**
il/elle/on répond**it**	ils/elle répond**irent**

Irregular verbs in the *passé simple*

Most irregular verbs in the *passé simple* use the past participle as their root:

Verbe	Past participle		Passé simple
boire	bu	il/elle/on but	ils/elles burent
avoir	eu	il/elle/on eut	ils/elles eurent
devoir	dû	il/elle/on dut	ils/elles durent
vouloir	voulu	il/elle/on voulut	ils/elles voulurent

Watch out for these forms which are completely irregular.

être		il/elle/on fut	ils/elles furent
faire		il/elle/on fit	ils/elles firent
mourir		il/elle/on mourut	ils/elles moururent
naître		il/elle/on naquit	ils/elles naquirent
venir		il/elle/on vint	ils/elles vinrent
voir		il/elle/on vit	ils/elles virent

Here are examples of *passé simple* you will find in the reading. Put the verbs you see in bold in the *passé composé* and give the meanings of the two verbs that are not translated.

Exemple: Il **livra** combat aux démons de l'alcool. (livrer combat: *to fight*)

Il a livré combat aux démons de l'alcool.

1. Le président… **ne tarda pas** à repérer *(was not long in noticing)* les facultés exceptionnelles de l'adolescent.

   _____

2. Celui-ci **se produisit** pour la première fois sur la scène du Palace Cinéma de Loches.

   _____

3. Le théâtre lui **apporta** l'évidence d'un destin.

   _____

B. Le vocabulaire de la lecture

Les mots apparentés

Grâce au vocabulaire que vous connaissez déjà ou que vous pouvez reconnaître, devinez le sens des mots de la troisième colonne.

	Mot connu	Traduction anglaise	Mot apparenté	Traduction anglaise
1.	soutenir	*to withstand, to bear*	insoutenable	
2.	décédé(e)	*deceased*	le décès	
3.	regarder	*to look at*	son regard	
4.	surmonter	*to surmount, to surpass, to overcome*	insurmontable	
5.	un affront	*an affront, a confrontation*	affronter	
6.	la douleur	*dolor, pain*	douloureux	
7.	adhérer à	*to adhere to, to approve*	l'adhésion	

Les mots dans leur contexte

Nous avons tous tendance à oublier le contexte quand nous rencontrons un mot que nous ne comprenons pas. Mais il est souvent possible de deviner *(to guess)* le sens d'un mot en examinant la section du texte dans laquelle il se trouve.

Après avoir lu toute la phrase, devinez le sens du mot indiqué.

1. "… son père adoptif lui avait légué son nom après s'être marié avec sa mère…"

   léguer: _____

2. "Pour guérir ses blessures secrètes…"
guérir: *to heal*

une blessure: _____

3. "Journaliste: Votre chanson habituelle?
Jacques Villeret: La chanson que vous sifflez sous votre douche."

siffler: _____

4. "Journaliste: Le principal trait de votre caractère?
Jacques Villeret: Je suis perfectionniste."

un trait: _____

5. "Journaliste: Votre principal défaut?
Jacques Villeret: Je manque d'humour. C'est vrai, on me le reproche souvent."

défaut: *flaw, failing*

manquer: _____

reprocher: _____

6. "Journaliste: Votre occupation préférée?
Jacques Villeret: La pêche. En eau calme. Je peux rester une journée entière derrière mes cannes à fixer mon bouchon."

la pêche: *fishing*

mes cannes: _____

mon bouchon: _____

7. "Journaliste: Votre devise?
Jacques Villeret: Je me suis souvent raccroché à la phrase de Nietzsche: «Tout ce qui ne vous tue pas vous rend plus fort.»"

une devise: _____

En d'autres mots

rendre + adjectif signifie *to make (someone/something) + adjective.*

Exemple: **Ce film me rend triste.**

   This film makes me sad.

Comment traduiriez-vous les expressions suivantes?

1. "une implacable lucidité qui lui rendait douloureuse la répétition des jours"
Notez qu'il y a une inversion. Vous pouvez lire: une implacable lucidité qui lui rendait la répétition des jours douloureuse.

Traduction: _____

2. "rendre inéluctable *(unavoidable)* cette hémorragie interne"

Traduction: _____

3. "Tout ce qui ne vous tue pas vous rend plus fort."

Traduction: _____

C. Donnez votre opinion

Pour bien comprendre les commentaires sur Jacques Villeret que vous allez lire, réfléchissez aux questions suivantes.

1. Est-ce que l'apparence physique est une bonne indication de la personnalité?

_____

_____

2. Est-ce qu'on peut être acteur comique et avoir une vision pessimiste de la vie?

_____

_____

3. Pour quelles raisons est-ce qu'on peut choisir de devenir acteur?

_____

_____

D. La lecture

Parcourez les deux passages sur **Jacques Villeret** dans votre manuel.

Système-D 4.0

PRÉPARATION À L'ÉCRITURE

En vous inspirant de la lecture sur Jaques Villeret, vous allez décrire un(e) étudiant(e) de votre classe.

A. Choisissez un sujet

Choisissez qui vous allez interviewer et demandez-lui de remplir le questionnaire de *L'Express*. Notez les réponses les plus intéressantes.

Réponses intéressantes:

1. _____

2. _____

3. _____

4. _____

5. _____

B. Réfléchissez au contenu

1. Quelles autres questions auriez-vous besoin de lui poser pour présenter les éléments essentiels de sa vie et son attitude? Notez-les ici. Notez ensuite ses réponses à vos questions.

   a. _____

   _____

   b. _____

   _____

   c. _____

   _____

   d. _____

   _____

   e. _____

   _____

2. Quelle impression donne la personne sur laquelle vous écrivez? Est-ce qu'il y a une grande différence entre l'apparence et la réalité (comme Jacques Villeret, qui semblait très jovial mais était sérieux et même déprimé)? Notez les différences ici.

   a. La personne dont je parle semble/paraît/a l'air… parce que…

   _____

   _____

   _____

   b. En réalité, il/elle est…

   _____

   _____

   _____

C. Réfléchissez à la langue

Choisissez le ton de votre rédaction et cherchez du vocabulaire et des structures appropriés.

Le ton

Le ton de l'article que vous avez lu sur Villeret est plutôt tendre. Quel ton choisirez-vous pour votre texte?

- comique
- sérieux
- philosophique

Le vocabulaire

Retournez au vocabulaire du chapitre et aux exercices que vous avez faits et notez les mots qui vous seront utiles. Assurez-vous que ce vocabulaire s'accorde au ton que vous avez choisi.

_____

_____

_____

_____

_____

_____

_____

Les structures

Pour ajouter de la variété et de la complexité à votre travail, notez les structures que vous avez révisées dans le chapitre et pensez à les incorporer.

_____

_____

_____

_____

_____

_____

_____

D. Organisez votre rédaction

Organisez l'information que vous avez accumulée. Le texte sur Villeret commence par une description physique, suivie par les difficultés qu'il a eues et ses succès. Est-ce que cette structure convient à votre sujet? Écrivez des phrases pour décrire la personne que vous avez choisie.

1. son apparence physique

_____

_____

2. sa plus grande difficulté

_____

_____

3. son plus grand succès

_____

Arrangez ces informations de façons différentes. Quelle organisation est la plus logique? la plus dynamique et intéressante?

_____

_____

_____

_____

E. Perfectionnez votre travail

1. Demandez à un(e) camarade de classe de lire votre rédaction et de vous faire des commentaires sur les idées, l'organisation, et la langue.

2. Lisez votre travail à voix haute. Vous vous rendrez compte plus facilement des problèmes d'organisation, des incohérences, des répétitions, et des fautes d'inattention.

3. Faites attention aux points suivants:
  a. Les noms et les adjectifs
  - Le genre (masculin ou féminin) est-il correct?
  - Le nombre (singulier ou pluriel) est-il correct?
  - Le déterminant (article défini, indéfini, partitif, etc.) est-il approprié?
  - La position des adjectifs (avant ou après le nom) est-elle correcte?

  b. Les verbes
  - Sont-ils au bon mode (indicatif, subjonctif, infinitif, impératif, conditionnel)?
  - Sont-ils au bon temps (présent, imparfait, passé composé, etc.)?
  - Leur structure est-elle correcte? (par exemple, faut-il une préposition?)
  - La conjugaison est-elle correcte?
  - S'accordent-ils avec le sujet?
  - Au passé, l'accord du participe passé est-il correct?

  d. L'orthographe
  - Vérifiez l'orthographe et n'oubliez pas les accents.

  e. Le ton et le style
  - Assurez-vous que le ton est approprié pour votre sujet et pour votre lecteur.
  - Évitez les répétitions: Utilisez des synonymes et des pronoms pour remplacer les noms; variez les structures.
  - Évitez les phrases trop simples: Utilisez des propositions relatives et des conjonctions (**pour que, bien que,** etc.).
  - Utilisez des mots de transition (**d'abord, puis, ensuite, aussi, c'est pourquoi, [mal]heureusement, ainsi/de cette façon,** etc.).

Chapitre 9

VIE PRIVÉE, VIE PUBLIQUE: *Tableau Ferraille (1997)*

Heinle iRadio
www.thomsonedu.com/french

- relative pronouns
- demonstratives
- object pronouns
- the conditional
- the past conditional

LES MOTS POUR LE DIRE

A. Votre dictionnaire personnel

Trouvez le vocabulaire de votre liste qui correspond aux catégories suivantes.

1. la politique

_____

_____

_____

_____

2. la vie économique

_____

_____

_____

_____

3. la corruption

_____

_____

_____

_____

4. la vie privée

_____

_____

_____

_____

5. le souvenir

_____

_____

_____

_____

B. Synonymes et antonymes

Le synonyme le plus proche

Référez-vous à la **Liste de vocabulaire** dans votre manuel pour trouver le synonyme le plus proche.

___**1.** ivre	**a.** se présenter
___**2.** la convoitise	**b.** les obsèques
___**3.** être candidat(e)	**c.** un retour en arrière
___**4.** se souvenir	**d.** l'envie
___**5.** les funérailles	**e.** soûl
___**6.** un flash-back	**f.** se rappeler

L'antonyme le plus proche

Trouvez le contraire.

___**1.** faire confiance	**a.** compromettre
___**2.** enceinte	**b.** cynique
___**3.** idéaliste	**c.** se méfier
___**4.** améliorer	**d.** stérile
___**5.** soutenir	**e.** trahir

C. Associations

Groupez les mots

Quels noms correspondent aux adjectifs suivants?

Exemple: vierge

la virginité

1. digne _____

2. enceinte _____

3. licencié _____

4. loyal _____

5. polygame _____

D. Dictée

Écoutez le passage pour remplir les blancs.

Track 43

Gagnesiri cherche à communiquer avec son amie Anta.

Tout ce que je possède m'attend sur une charrette devant _____ (1)

où je suis venue _____ (2) sur ta tombe avant de quitter Tableau

Ferraille pour toujours. Anta, tu as toujours été une femme _____ (3),

loyale et résolue. Tu as refusé de vivre _____ (4) avec un mari soûl à

qui tu ne pouvais jamais _____ (5). J'ai besoin de ta force pour

_____ (6) maintenant.

Je _____ (7) d'un politicien digne et idéaliste. La nuit où nous

avons consommé _____ (8), je me croyais heureuse pour toujours.

Mais mon mari _____ (9) de ceux qu'il croyait être ses amis.

On _____ (10) de sa loyauté. Sa deuxième femme, Kiné,

l'_____ (11). Il _____ (12) par la convoitise

et n'a pas su répondre au scandale. C'est maintenant un homme déchu, discrédité. Je

dois trouver la force de le quitter. Aide-moi, Anta.

AVANT LE PROCHAIN COURS

Tableau Ferraille: Visionnez le film.

Avant de faire ces activités, révisez *Les pronoms personnels; y et en* (pages 287–300, *Manuel*)

PRÉPARATION À LA DISCUSSION

Parlons de Grammaire

Verbs help us communicate actions, activities, and states of being. The information they convey is often incomplete without the additional information provided by direct and indirect objects, or prepositional phrases.

Direct, indirect, and disjunctive pronouns

For example, if someone tells you that he or she jogs, the information is more or less complete. Compare that to a declaration like:

I love.

With that sentence, a little more information is definitely needed—namely what or whom. The answer to the question what/whom that is necessary to complete the meaning of some verbs is called the direct object.

Example:	—I love.	—J'aime
	—What?	—Quoi?
	—Cake.	—Les gâteaux.

(*Cake* is the direct object of the verb *to love*.)

| | J'aime les gâteaux. | Je **les** aime. |

The meaning of another type of verb, such as the verb "to talk," is completed by the information "to whom." The answer to the question to whom (**à qui**) is provided by the indirect object.

Example:	—I'm talking.	—Je parle.
	—To whom?	—À qui?
	—To my parents.	—À mes parents.
	Je parle à mes parents.	Je **leur** parle.

In other cases, the meaning of a verbal expression is completed by a prepositional phrase—about/with/by/for/against/of something or someone. When the noun following the preposition (called the prepositional object) refers to a person, it is replaced by a *disjunctive pronoun*. These pronouns are called *disjunctive* (not joined) because they are not joined to the verb in the way other pronouns are.

| I'm thinking about my parents. | Je pense à mes parents. |
| I'm thinking about them. | Je pense **à eux.** |

Disjunctive pronouns are only used to refer to people, so when the noun following the preposition refers to a thing, the pronouns **y** and **en** are used to replace it (when the preposition is **à** and **de,** respectively).

Compare:

| Je me méfie **de cette femme.** | Je me méfie **d'elle.** |
| Je me méfie **de ce qu'elle dit.** | Je m'**en** méfie. |

Je pense **à mon mari.**

Je pense à **mes problèmes.**

Je pense **à lui.**

J'y pense.

The placement of pronouns

Besides the "unjoined" **pronoms disjoints,** all French pronouns are placed directly in front of the verb they modify. In simple tenses, like the (a) example, the pronoun is placed directly in front of the verb. In compound tenses, like the (b) example, the pronoun is placed in front of the auxiliary (**avoir** or **être**). When there are two verbs, as in the (c) example, the pronoun goes in front of the verb it modifies. In this case, it is the infinitive.

a. Je **l'**aime.

b. Je **lui** ai téléphoné.

c. Je veux **y** aller.

The placement of multiple pronouns

Remember the order to follow when using more than one pronoun with the same verb.

1. All cases, except affirmative imperative sentences

me te se nous vous	le la les	lui leur	y	en	verbe
Mnemonic device to remember the order of **y** and **en:** Think of a donkey (**"y en, y en"**).					

2. Affirmative imperative sentences

verbe	le la les	moi (m')* toi (t')* lui nous vous leur	y	en

*__Moi__ and **toi** become m' and t' in front of a vowel or a mute **h.**

A. Prononcez bien

La prononciation des pronoms disjoints

Pay attention to the pronunciation of the disjunctive pronouns you've reviewed in this chapter, especially the pronunciation of **moi, toi, lui,** and **eux.**

- **Moi** and **toi** contain the semi-vowel /w/, which is used in French in the following circumstances:

  a. in borrowed words such as **whiskey** and **western**

  b. in words containing the letter combination **oi,** which is pronounced /wa/.

  c. as the reduced form of /u/—the sound you hear in **vous** and **tout**—when it is followed by a vowel, as in **louer** and **jouant.**

- **Lui** contains the semi-vowel /ɥ/, which has no English equivalent. It is used as the reduced form of /y/—the sound you hear in **tu** and **voiture**—when it is followed by a vowel as in **nuit** and **fuir.**

- **Eux** is pronounced with the mid rounded vowel you hear in **feu** and **heureux.**

You also need to pay attention to intonation when these pronouns are used to emphasize a subject noun or pronoun. In this sentence, **Moi, Elle,** and **Mon Frère** are stressed and followed by a pause:

> **Moi, je** vote pour le parti démocrate. **Elle, elle** préfère les Républicains. **Mon frère, lui,** ne vote pas.

By comparison, the doubled pronouns in pronominal verbs such as **nous nous aimons** are neither stressed nor followed by a pause.

Track 45

Écoutez et répétez

Repeat the following sentences paying close attention to the pronunciation of the disjunctive pronouns and to intonation.

1. Moi, je fais confiance aux politiciens. Toi, tu te méfies d'eux.
2. Daam est honnête. Président, lui, est corrompu.
3. Lui, il fait de la politique. Elle, elle est conservatrice de musée.
4. Et eux, ils sont compromis aussi?
5. Si j'étais lui, je démissionnerais.
6. Moi, je vais voter pour elle. Et vous, vous allez voter pour qui?
7. Elles, elles s'occupent des enfants pendant que lui, il fait campagne.
8. Gagnesiri aime son mari. Kiné, elle, ne l'aime pas vraiment.
9. Eux, ils ne disent rien. Nous, nous protestons contre les licenciements.
10. Moi, j'ai adoré ce film. Et toi, tu l'as aimé?

> As you watched *Tableau Ferraille,* you may have noticed that the character named Président uses disjunctive pronouns a lot.

Écoutez et encerclez

Track 46

The sentences that follow show why it is important to put the right emphasis on disjunctive pronouns. With improper pronunciation, it would be impossible to distinguish sentences (a) and (b).

a. Nous nous entendons bien.	We get along well.
b. Nous, nous entendons bien.	**We** hear well.
a. Vous vous parlez souvent en classe.	You often talk to each other in class.
b. Vous, vous parlez souvent en classe.	**You** often talk in class.

In both cases, sentence (a) uses a pronominal verb **(s'entendre, se parler).** Sentence (b) uses a nonpronominal verb **(entendre, parler)** preceded by a disjunctive pronoun.

Listen to the way the pronouns are pronounced, and check the type of sentence you hear.

	a. Pronominal verb	b. Disjunctive pronoun 1 nonpronominal verb
1.		
2.		
3.		
4.		
5.		
6.		
7.		
8.		
9.		
10.		

B. La grammaire et le film

Les actions des personnages

Remplacez les mots en italique par le pronom qui convient.

1. Daam accuse *sa femme* de trop penser aux autres.

_____

2. Président demande *à Daam* de favoriser son projet.

_____

3. Avant de quitter *son village*, Gagnesiri se souvient *de sa vie*.

_____

4. Daam veut améliorer *les conditions de vie des habitants*.

_____

5. Anta se fâche avec *son mari*.

_____

6. Daam se présente *aux élections*.

_____

7. Gagnesiri promet son soutien *aux femmes du village*.

_____

8. Kiné se dispute avec *Gagnesiri*.

_____

9. Gora se méfie de *Président et ses associés*.

_____

10. Kiné compromet *son mari*.

_____

Some sentences contain more than one pronoun.

La trahison de Kiné

Daam a perdu sa réputation à cause de Kiné. Rappelez-vous comment elle et Président ont trahi Daam. Puis remplacez les pronoms dans les phrases suivantes par un élément de la liste pour réécrire l'histoire. Vous pouvez utiliser certains éléments de la liste plusieurs fois.

son argent	à Président	aux associés de Président
son mari	de son mari	de la construction du pont
dans le bureau	en Suisse	les dossiers
de la trahison de Kiné	Daam	Kiné
le contrat		

Exemple: Président a voulu l'avoir.

Président a voulu avoir le contrat.

1. Président voulait en tirer profit.

    _____

2. Il l'a persuadée de le trahir.

    _____

3. Kiné y est allée pour les prendre.

    _____

4. Elle les leur a donnés.

    _____

5. Président et ses associés les ont analysés, et ils ont augmenté les budgets des autres candidats.

    _____

6. Daam ne s'en est pas rendu compte.

    _____

7. On l'a accusé de corruption.

    _____

8. Kiné le lui a demandé.

    _____

9. Elle y est allée.

_____

10. Gagnesiri a essayé de le soutenir jusqu'à la fin.

_____

Le mariage de Gagnesiri et Daam

Répondez aux questions suivantes sur le mariage de Gagnesiri et Daam. N'oubliez pas de vous servir de pronoms quand c'est possible.

Some sentences may contain more than one item you can replace with a pronoun.

1. Est-ce que Daam a parlé de mariage à Gagnesiri avant de parler à son père?

_____

2. Est-ce que Gagnesiri est arrivée à Tableau Ferraille seule?

_____

3. Que faisait Daam à ce moment?

_____

4. Est-ce que Gagnesiri portait une belle robe?

_____

5. Qui a emmené Gagnesiri à la maison de son mari?

_____

6. Est-ce qu'il y avait beaucoup de femmes devant la chambre nuptiale?

_____

7. Pourquoi est-ce que les femmes du village n'ont pas quitté la maison?

_____

8. Est-ce que la virginité de Gagnesiri était importante pour ces femmes?

_____

C. Imaginez des situations

Donnez des conseils à Gagnesiri

Choisissez le conseil qui s'accorde le mieux aux problèmes de Gagnesiri.

Refer to **Parlons de Grammaire** above or to *La position des pronoms à l'impératif* (page 299, *Manuel*).

____ 1. Mon intuition me dit qu'il faut quitter Tableau Ferraille seule.
    a. Souvenez-vous-en.
    b. Souvenez-vous d'elle.

____ 2. Je suis très troublée par le scandale.
    a. N'y pensez pas.
    b. Ne pensez pas à lui.

___ **3.** Mon mari est devenu instable.
   a. Ne vous fiez pas à lui.
   b. Ne vous y fiez pas.

___ **4.** J'entends des accusations dans le village.
   a. Répondez-leur.
   b. Répondez-y.

___ **5.** J'ai peur de l'avenir.
   a. Il ne faut pas en avoir peur.
   b. Il ne faut pas avoir peur de lui.

___ **6.** J'ai beaucoup de mauvais souvenirs.
   a. Parlez-en.
   b. Parlez-leur.

___ **7.** Je veux croire que j'ai la force de vivre seule.
   a. Vous pouvez le croire.
   b. Vous pouvez en croire.

___ **8.** J'ai beaucoup de choses à dire à mon père.
   a. Parlez-lui.
   b. Parlez-y.

D. L'intrigue

Gagnesiri se souvient de ce que ces personnes lui ont dit et se sont dit pendant sa vie avec Daam. Reliez les citations à leurs auteurs, puis écrivez deux phrases pour décrire chaque situation. Suivez le modèle.

Exemple: __c__ 1. "Sans enfants un homme ne peut pas se faire respecter."

Président l'a dit à mon mari. Il le lui a dit quand Daam a commencé à le critiquer.

   a. Daam à son ami (au sujet de Kiné)
   b. Président à Kiné (pour la persuader de trahir Daam)
   c. Président à mon mari (quand Daam a commencé à le critiquer)
   d. Daam à Gora (après la décision de la commission chargée d'attribuer le contrat)
   e. moi aux partisans de Daam (après l'élection)
   f. Président à Daam (au moment de leur confrontation)
   g. Kiné à son ami (lorsqu'elle a appris que j'allais épouser Daam)
   h. moi à mon mari (quand il s'est soûlé après sa disgrâce)
   i. Kiné à Daam et moi (quand Daam est revenu de voyage)
   j. Président à Daam (après notre déménagement à Dakar)

___ **2.** "Député ou pas, moi, je l'aime."

   _____

   _____

___ **3.** "Elle a bien calculé son coup. Elle épouse un mec et le lendemain il est député."

   _____

   _____

___ **4.** "Monsieur le Ministre, mon cher ami, nous sommes venus te voir… pour la construction du pont de Yolbeen."

_____

_____

___ **5.** "Avec une princesse comme ça on ne pourrait avoir que des ennuis."

_____

_____

___ **6.** "Je ne suis pas venue à Dakar pour rester enfermée toute la journée ici!"

_____

_____

___ **7.** "Moi je veux des informations, toi, tu sais où les trouver… Si j'étais toi, je ferais vite. Time is money."

_____

_____

___ **8.** "En tout cas, tous les membres de la commission ont été pour lui. J'aurais dit non, ça n'aurait servi à rien."

_____

_____

___ **9.** "Tu es lent à comprendre. T'aurais pu nous aider. T'en aurais profité. Approche maintenant!"

_____

_____

___ **10.** "Daam, allez! Relève-toi."

_____

_____

Révisez *La formation du conditionnel présent* (pages 304–305, *Manuel*), *L'emploi du conditionnel présent* (pages 305–306, *Manuel*), *Les pronoms relatifs* (pages 276–283, *Manuel*), et *Les pronoms démonstratifs* (pages 284–285, *Manuel*). Pour *Les pronoms relatifs*, référez-vous au tableau récapitulatif (page 277, *Manuel*).

Remember that a pronoun replaces a noun (and sometimes a clause). Which repeated noun will you remove for each sentence in this exercise? What is the syntax of the sentence? Look closely at any prepositions in the second sentence, since these need to remain in the structure of your new, less choppy sentence.

Proceed in stages:

1. Underline the repeated nouns and their determinants. (**son poste de ministre, ce poste**)
2. Circle the prepositions from the second sentence that need to be factored in, if relevant. (**de**)
3. Replace the repeated noun of the second sentence with the correct relative pronoun. (**dont**)
4. Position the pronoun (and preposition, if relevant) after the noun of the first sentence (its antecedent). (**son poste de ministre, dont...**)
5. Add a comma when it is needed.

POUR ALLER PLUS LOIN

A. La grammaire et le film

L'histoire de Daam

Combinez les deux phrases à l'aide d'un pronom relatif.

Exemple: Daam a quitté <u>son poste de ministre</u>. Il était fier (de) ce poste.

*Daam a quitté son poste de ministre, **dont** il était fier.*

1. Au début du film, Daam est un jeune politicien. Il a beaucoup d'énergie.

_____

2. Son ami Gora est un associé. Il fait confiance à Gora.

_____

3. Il a beaucoup d'amis. Il ne se méfie pas assez de ses amis.

_____

4. Ses associés l'ont persuadé d'épouser une deuxième femme. Elle lui donnerait des enfants.

_____

5. Il a épousé Kiné. Cela a causé tous ses problèmes. (**Cela** replaces the clause **Il a épousé Kiné.**)

_____

6. Il a acheté une belle maison à Dakar. Il a vécu dans cette maison avec ses deux femmes et ses enfants.

_____

7. Il a perdu sa réputation à cause d'un projet de pont. Président avait proposé ce projet.

_____

8. Daam a démissionné de son poste de ministre. Il aimait beaucoup ce poste.

_____

9. Il a abandonné l'idéal de justice. Il croyait à cet idéal.

_____

10. Il a perdu Gagnesiri. Il avait passé de bonnes années avec Gagnesiri.

_____

Décrivez les personnages

Imaginez que vous parlez du film avec quelqu'un qui a oublié le nom des personnages. Rappelez-les-lui en faisant des descriptions selon le modèle donné. Utilisez des pronoms démonstratifs et des pronoms relatifs et faites un effort pour incorporer des mots de la **Liste de vocabulaire.**

Exemples: Gagnesiri

C'est celle que Daam a rencontrée quand il faisait campagne.

Daam

C'est celui qui est obligé de démissionner.

1. Gora

_____

2. Kiné

_____

3. Président et ses associés

_____

4. Anta

_____

5. Ndoumbé

_____

B. Imaginez des situations

Que feriez-vous?

Indiquez ce que vous feriez dans les situations du film. Pour chaque situation, écrivez les trois phrases suggérées en utilisant les pronoms appropriés. Puis encerclez la solution que vous avez choisie.

Exemple: Vous avez besoin de réfléchir pour régler un problème sérieux.

    (a.) écrire <u>vos problèmes</u> <u>dans un journal intime</u> → *Je les y écrirais.*

    b. parler <u>de vos problèmes</u> <u>à vos parents</u> → *Je leur en parlerais.*

    c. se recueillir <u>au cimetière</u> → *Je m'y recueillerais.*

1. Vous voulez rencontrer une nouvelle voisine.
    a. offrir <u>un cadeau</u> <u>à cette voisine</u>

_____

    b. aller voir <u>la voisine</u>

_____

    c. inviter <u>la voisine</u> <u>chez vous</u>

_____

2. Votre fille, qui est très jeune, est enceinte et le père est disparu.
  a. essayer d'aider votre fille

  _____

  b. dire à votre fille de quitter la maison

  _____

  c. parler du problème à son père

  _____

3. Vous avez le coup de foudre pour une jeune femme (un jeune homme).
  a. demander à la femme (à l'homme) de vous épouser

  _____

  b. parler à la jeune femme (au jeune homme) de vos sentiments

  _____

  c. parler à ses parents de vos sentiments

  _____

4. Votre femme (mari) ne peut pas avoir d'enfant.
  a. accepter la situation

  _____

  b. prendre une autre femme (un autre mari)

  _____

  c. emmener votre femme (mari) chez un médecin pour régler le problème

  _____

5. Une personne crée des problèmes dans votre mariage.
  a. reprocher à la personne de détruire le mariage

  _____

  b. vous disputer avec la personne

  _____

  c. vous méfier de cette personne

  _____

6. Votre mari (femme) réagit mal à ses problèmes professionnels.
   a. encourager votre mari (femme) à se battre

   _____

   b. soutenir votre mari (femme)

   _____

   c. vouloir aider votre mari (femme)

   _____

7. Vous croyez qu'une amie enceinte boit trop d'alcool.
   a. parler de vos inquiétudes à votre amie

   _____

   b. ne pas dire à votre amie ce que vous pensez

   _____

   c. expliquer à votre amie que l'alcool est dangereux pour le bébé

   _____

8. Vous apprenez qu'un ami que vous avez toujours aidé vous a trahi(e).
   a. ne plus vous fier à cet ami

   _____

   b. parler calmement de la situation à votre ami

   _____

   c. accuser cet ami en public

   _____

9. On vous accuse de mauvaises actions dont vous êtes innocent(e).
   a. aller au bar pour vous soûler

   _____

   b. répondre aux accusations

   _____

   c. quitter votre poste

   _____

Donnez des conseils aux personnages

Donnez des conseils aux personnes dont les noms sont en caractères gras (*boldface*). Suggérez-leur la manière dont elles doivent se comporter avec les trois personnes indiquées.

Exemple: **Gagnesiri**

    a. Gora

    À mon avis, vous pouvez vous fier à lui./Je vous conseille de lui faire confiance./À votre place, je l'écouterais.

1. Gagnesiri
  a. Daam

_____

  b. Kiné

_____

  c. Ndoumbé

_____

2. Daam
  a. Gagnesiri

_____

  b. Kiné

_____

  c. Président

_____

3. Kiné
  a. Daam

_____

  b. Président

_____

  c. Gagnesiri

_____

C. Donnez votre opinion

Quels proverbes pour le film?

QUELQUES PROVERBES ET LEUR SIGNIFICATION

En faisant bien attention à l'emploi des pronoms, liez les proverbes suivants aux périphrases données.

Vocabulaire utile

avertir: *to warn*   **se frotter à:** *to rub against*

le bourbier: *mud, mire, mess*   **se piquer:** *to get stung*

autrui: *les autres*

___ **1.** Chacun pour soi et Dieu pour tous.

___ **2.** Un homme averti en vaut deux.

___ **3.** Qui est dans le bourbier, y voudrait mettre autrui.

___ **4.** Qui s'y frotte s'y pique.

___ **5.** Charité bien ordonnée commence par soi-même.

a. Il ne faut pas croire qu'une autre personne puisse vous rendre heureux.

b. Une personne qui a des problèmes veut souvent que les autres en aient aussi.

c. Quand on se risque à attaquer quelqu'un, on subit les conséquences.

d. Le bonheur des autres est la responsabilité de Dieu.

e. Quand on connaît les dangers, on est mieux préparé à y faire face.

LA TRADUCTION DES PROVERBES

Quels proverbes anglais correspondent aux proverbes ci-dessus?

1. _____

2. _____

3. _____

4. _____

5. _____

À quels personnages du film associez-vous ces proverbes?

1. _____

2. _____

3. _____

4. _____

5. _____

PRÉPARATION À LA LECTURE

A. Les renseignements culturels. L'Afrique francophone

Le texte que vous allez lire traite de la polygamie en Afrique francophone. Rendez-vous à **http://www.thomsonedu.com/french/sequences** pour vous renseigner sur quelques aspects de l'Afrique francophone.

1. La géographie
   a. Quels pays francophones entourent le Cameroun?

   _____

   b. Où se trouve le Sénégal par rapport aux autres pays africains?

   _____

   c. Quel pays se trouve à l'est du Niger?

   _____

2. La scolarisation des filles
   Quel est le taux d'alphabétisation pour les filles de 18 à 24 ans dans les pays suivants?

   a. le Bénin

   _____

   b. le Burkina Faso

   _____

   c. la Côte d'Ivoire

   _____

   d. le Mali

   _____

e. le Sénégal

_____

f. le Togo

_____

3. La polygamie

Dans quels pays africains est-ce que la polygamie est la plus pratiquée?

_____

_____

B. Le vocabulaire de la lecture

Les mots apparentés

LES MOTS FRANÇAIS APPARENTÉS

Grâce au vocabulaire que vous connaissez déjà, devinez le sens des mots de la troisième colonne.

	Mot connu	Traduction anglaise	Mot apparenté	Traduction anglaise
1.	loin	*far*	lointaine(e)	
2.	impératif	*imperative*	impérativement	
3.	contrainte	*constraint*	contraignant(e)	
4.	vil(e)	*vile, base*	avilissant(e)	
5.	cadre	*executive, manager*	encadrement	
6.	large	*wide, large*	élargir	

LES MOTS ANGLAIS APPARENTÉS

Devinez l'équivalent anglais des mots suivants, que vous allez rencontrer dans le texte.

1. épouse _____

2. certitude _____

3. acceptation _____

4. prospère _____

5. courant(e) _____

6. opter _____

7. prédire _____

8. scolarisation _____

C. Donnez votre opinion

Le texte que vous allez lire va vous informer sur l'histoire de la polygamie et la façon dont elle se pratique actuellement en Afrique. Que savez-vous de la polygamie et qu'en pensez-vous?

1. Lisez les affirmations (*statements*) suivantes, tirées du texte, et notez celles qui correspondent le mieux à vos propres idées (**Vrai**) et celles qui vous choquent ou vous paraissent fausses (**Faux**).

   La polygamie est…

a.	une tradition africaine	Vrai	Faux
b.	une tradition musulmane	Vrai	Faux
c.	une tradition très ancienne dont on parle dans l'Ancien Testament	Vrai	Faux
d.	une marque de prestige pour les hommes	Vrai	Faux
e.	une situation traumatisante et avilissante pour les femmes	Vrai	Faux
f.	une source d'équilibre et d'harmonie	Vrai	Faux
g.	un moyen d'avoir une (plus) grande famille	Vrai	Faux
h.	une stratégie économique	Vrai	Faux
i.	une solution au problème de main d'œuvre	Vrai	Faux
j.	une façon de stabiliser le pouvoir	Vrai	Faux
k.	un moyen de créer des alliances et d'éviter les conflits	Vrai	Faux
l.	un système qui provoque la jalousie et la violence entre femmes	Vrai	Faux
m.	une source de protection et de solidarité pour les femmes	Vrai	Faux
n.	une tradition dangereuse qui maintient la domination des hommes	Vrai	Faux
o.	un mode de vie moins hypocrite que le mariage monogame dans lequel un des époux est infidèle	Vrai	Faux

2. Parmi les affirmations ci-dessus, lesquelles correspondent le plus au mariage de Gagnesiri, Daam, et Kiné?

   _____

Refer to *Les phrases hypothétiques* (pages 307–309, **Manuel**) to review **si** clauses.

3. Si vous étiez le parent d'une jeune fille, accepteriez-vous qu'elle fasse un mariage polygame? Seriez-vous d'accord si vous étiez le parent d'un garçon? Et vous, accepteriez-vous de faire un mariage polygame? Expliquez votre raisonnement.

   _____

   _____

   _____

   _____

D. La lecture

Parcourez les articles dans le manuel de classe.

PRÉPARATION À L'ÉCRITURE

Système-D 4.0

Le but d'une interview est d'interroger les autres pour aider ses lecteurs à s'interroger, à réfléchir, et à apprendre. Vous allez imaginer une interview d'un personnage du film et la transcrire pour la publier dans un magazine. Vous devez pensez aux personnes qui vont vous lire, choisir un personnage et un sujet adéquat, formuler les questions, et transcrire les réponses que vous imaginerez.

A. Choisissez un sujet

Choisissez une personne et des thèmes.

1. Quel(s) personnage(s) du film vous intéresse(nt) le plus?

    Gagnesiri   Président   Daam   Anta   Kiné   Ndoumbé   Gora

2. Pour vous aider à choisir qui vous allez interviewer, réfléchissez aussi aux sujets dont vous souhaitez parler. Quel personnage choisiriez vous pour:
    * exposer les difficultés d'une jeune femme seule et sans ressources dans un village comme Tableau Ferraille
    * examiner les causes d'une chute politique
    * en savoir plus sur les avantages et les difficultés d'un mariage polygame
    * montrer la corruption des gens au pouvoir
    * faire connaître les frustrations d'une femme africaine moderne et ambitieuse
    * réfléchir sur les difficultés des jeunes idéalistes qui sont mal préparés à reconnaître la convoitise, la corruption, et la manipulation autour d'eux
    * faire comprendre ce que ressent la femme d'un homme déchu qui refuse de lutter contre ses ennemis
    * explorer les traditions des femmes africaines
    * partager l'expérience d'une femme traditionnelle qui se libère de ses contraintes

B. Réfléchissez au contenu

1. Évaluez les intérêts des lecteurs

    Pour quel type de magazine écrivez-vous cette interview? Quels genres d'articles y trouve-t-on en général? À quoi s'intéressent les lecteurs de cette publication? Que souhaitent-ils apprendre en lisant l'interview que vous proposez?

    _____

    _____

    _____

2. Tenez compte du type d'information qu'on trouve généralement dans une interview. Commencez à prendre des notes sur ce que vous savez déjà ou sur ce que vous voulez savoir.

    Traits physiques:

    _____

    _____

Traits moraux:

_____

_____

Détails biographiques importants:

_____

_____

Réactions aux événements de sa vie:

_____

_____

Souvenirs les plus agréables/les plus pénibles:

_____

_____

Regrets:

_____

_____

Désirs pour l'avenir:

_____

_____

3. Notez des idées suggérées par le film ou la lecture que vous pourriez inclure dans vos questions.

_____

_____

_____

_____

4. Formulez les questions

Quelles questions pourriez-vous poser pour transmettre à vos lecteurs les informations qui vous intéressent?

_____

_____

_____

_____

_____

_____

5. Imaginez les réponses

Imaginez comment la personne que vous avez choisie répondrait à vos questions.

_____

_____

_____

_____

_____

_____

C. Réfléchissez à la langue

Le vocabulaire

Retournez au vocabulaire du chapitre et aux exercices que vous avez faits et notez les mots qui vous seront utiles.

_____

_____

_____

_____

Les structures

Pour ajouter de la variété et de la complexité à votre travail, notez les points de grammaire que vous avez révisés dans le chapitre et pensez à les incorporer.

_____

_____

_____

D. Organisez votre rédaction

Préparez votre interview pour la publication.

1. Organisez les questions et les réponses de façon à ce que la conversation soit la plus naturelle possible. Vous devrez reformuler un peu vos questions pour que les transitions ne soient pas trop abruptes.

2. Ajoutez une introduction.

E. Perfectionnez votre travail

1. Demandez à un(e) camarade de classe de lire votre rédaction et de vous faire des commentaires sur les idées, l'organisation, et la langue.

2. Lisez votre travail à voix haute. Vous vous rendrez compte plus facilement des problèmes d'organisation, des incohérences, des répétitions, et des fautes d'inattention.

3. Faites attention aux points suivants:

   a. Les noms et les adjectifs
- Le genre (masculin ou féminin) est-il correct?
- Le nombre (singulier ou pluriel) est-il correct?
- Le déterminant (article défini, indéfini, partitif, etc.) est-il approprié?
- La position des adjectifs (avant ou après le nom) est-elle correcte?

   b. Les verbes
- Sont-ils au bon mode (indicatif, subjonctif, infinitif, impératif, conditionnel)?
- Sont-ils au bon temps (présent, imparfait, passé composé, etc.)?
- Leur structure est-elle correcte? (par exemple, faut-il une préposition?)
- La conjugaison est-elle correcte?
- S'accordent-ils avec le sujet?
- Au passé, l'accord du participe passé est-il correct?

   c. Les pronoms
- Avez-vous utilisé des pronoms variés (personnels, démonstratifs, relatifs)?
- Les pronoms personnels, **y** et **en** sont-ils choisis correctement et sont-ils bien placés (devant le verbe conjugué ou l'auxiliaire, devant l'infinitif, etc.)?
- Avez-vous vérifié les accords des participes passés quand le pronom est un pronom d'objet direct?

   d. L'orthographe
- Vérifiez l'orthographe et n'oubliez pas les accents.

   e. Le ton et le style
- Assurez-vous que le ton est approprié pour votre sujet et pour votre lecteur.
- Évitez les répétitions: Utilisez des synonymes et des pronoms pour remplacer les noms; variez les structures.
- Évitez les phrases trop simples: Utilisez des propositions relatives et des conjonctions (**pour que, bien que,** etc.).
- Utilisez des mots de transition (**d'abord, puis, ensuite, aussi, c'est pourquoi, [mal]heureusement, ainsi/de cette façon,** etc.).

CREDITS

Chapter 1: *L'Auberge espagnole* © Cédric KLAPISCH 2002
Chapter 2: Euzhan Palcy, *Rue Cases Nègres*
Chapter 3: Courtesy of *Le Goût des autres* © Les films A4
Chapter 4: Courtesy of *Le Placard* © Société de production Gaumont
Chapter 7: *La Promesse* © Les Films du fleuve
Chapter 8: Courtesy of *Le Dîner de cons* © Société de production Gaumont
Chapter 9: Courtesy of *Tableau Ferraille* © ADR Productions